Zukunft

e Bedienungsanleitung

未來

使用說明書

寫給對未來迷惘的人，
破除焦慮恐懼，擁抱不確定，培養自己無限可能的大思維

佛羅倫絲・高布 Florence Gaub—著　　楊婷湞—譯

本書獻給我父親。

年幼時他被問到未來想做什麼，他說：「我想要有孩子，或是成為太空人。」

目錄

開場白

進入未來之前

「總理女士，這有關未來。有些人認為未來代表歷史的完結，不過歷史還沒結束，您父親稱它未來——未被發掘的國度。」

——寇克艦長，《星艦迷航記六：邁入未來》（*Star Trek VI*）

對我們大多數的人來說，未來就像是棒棒糖或電視節目這類的被動接受型消費商品。政治人物、科技公司、科幻電影甚至是算命師負責生產現成的未來商品，我們之所以會買單是因為他們至少能讓我們了解明天會發生的事。於是，未來被當成是一種深不可測、遙不可及又虛幻的東西，它會自行發生——就像一顆小行星衝向地球。

但是，這種觀點並不正確。

因為未來不是遙遠的時光，而是我們人類持續在創造的東西，從個人到國家，再到企業連同足球社團都是未來的創造者。在每個人眼中，未來就是一幅3D圖像，有畫面、聲音，甚至還有氣味。

雖然「未來」一字的德文只限用單數，實際上它不只一種意思，它還代表了可能性、機率、可信或是毫無可能，這些統統都是未來的樣貌。所以，未來是我們能想像的一切。

這種在精神上的時空旅行能力在動物界中無人能比，只有人類才擁有，就像是超能力一樣，或者更進一步來說，它是人類最重要的特點之一。因為，人之所以為人在於我們能思考選擇、做出決定、擁有夢想、設定目標、擔心憂慮——每一個都是思考未來的方式。

不過，多半的人並沒有完全運用這種能力，儘管我們醒著的時候，有一半的時間都在思考未來，但大部分都浪費在無關緊要的事件上。我們所想的未來有百分之八十都與日常生活的計畫有關：吃什麼、什麼時候上班，孩子什麼時候考試；接著有百分之十四是關於未來一年的計畫：度假、工作專案和預約看診；僅有百分之六是關於未來十年到十五年的計畫，像是結婚、蓋房子或職涯目標。

在精神上，我們也幾乎未曾認真看待遙遠的未來，即使想到了也會馬上因為害怕而退縮，彷彿未來與自己無關，不是我們個人的責任，交給別人就好。儘管本質上群體的未來和個人的未來有大小之分，但是在某種程度上，這種常見的事不關己的想法是一種誤解。大家普遍認為，群體的未來應該交由政府和大企業來負責，透過策略性的前瞻報告和大數據模型來管理，個人的未來則可以透過寫日記或是年度行事曆來規畫。連在書店裡，有關前者的書籍被歸在學術領域，後者則是個人成長。

不過這樣的分類方式並不正確。事實上，所有人的未來彼此相連，就像樂高積木一樣密不可分。日常的規畫建構出個人的未來，個人的未來成為這個時代的一環，然後形塑出地球的未來藍圖。這些未來不僅相互串連，而且以近乎相同的方式出現在每個人的腦海裡：過去的片段、當前的資訊和想像力交織成為全新未來的樣貌。因此，每個人都有能力實現四種未來——無論大小，只不過多數人都忽略了其中的兩種，甚至是三種，於是，他們消費他人給予的未來，而不是用本能創造未來。

不只是我們個人忽視未來，整個社會幾個世紀以來都是如此。學校沒有教我們如何面對未來，知名哲學家也鮮少提及這個議題，科學界更是近年才投入這方面的研究。或許，這正是思考未來能力岌岌可危的原因。

所以，為什麼我們需要一本關於未來的使用說明書，這就是原因。

沉睡的超能力

每個人與生俱來就有穿越到多重甚至遙遠未來的超能力，不過首先必須學習如何眺望未來，並開拓出多樣且有用的未來。這些未來的超能力不會自動出現，因為我們的生活根植於當下的現況，我們也投注最多的時間在這些小小的個人未來上，畢竟這最有利於眼前的生活。所以，眺望未來——無論是看見個人的、社會的未來，甚至是世界的未來——並不普遍，不只是因為費力，而且需要某些工具和技能，更需要一個提倡並教導兩者的社會環境。

不過到目前為止，絕大多數的西方社會仍著眼於歷史而不看重未來，光是這一點就加劇了培養未來能力的困難度。學校的必修科目沒有預測未來這一科，歷史、拉丁文的授課時數也多於太空探索。大學裡的情況也差不多，基本上，課堂上教授的技能多於思考，思維的方式是封閉的（用邏輯推演出一個標準答案）而並非開放的（發揮想像力搜尋更多可能）；藝術、文學、哲學或自修課（通常不由老師教授而是由學生自行練習）這一類的科目能培養未來的創造力，看似重要卻總是被當成次要科目，因為它們在就業市場上毫無用處。

不過，偏好過去的傾向也不僅限在上述領域。在心理學中，主流的方法仍然是在病人的過去尋找原因，而不是尋找未來的解決方法。絕大多數的宗教信仰也是宣揚重返失落的天堂，而不是前往美好的未來。當然還有，二十一世紀沉溺於眼前事物——推文、季度報告、選舉週期——鼓勵短期主義，傾向於把當下的問題推給未來。（某些人把這種現象稱為未來殖民主義，也就是以暴力方式占用不屬於自己的東西。）尤其是談到未來時，我們也有文化上的劣勢：比起亞洲文化，西方文化往往對未來議題更不感興趣。

總體來說，我們的社會不以未來為導向，因此個人也無法具備前瞻性的眼光。不過，這也不是我們忽視未來的唯一原因。

未來展望[1]

時間尺度	公共的未來	個人的未來
秒	回答機智問答的題目、股市、拍賣會、推文	傳訊息、一鍵購買、呼吸
分	紅綠燈、大眾交通、電視新聞、急救專線	電子郵件、洗澡、咖啡時間、吃飯
時	營業時間、停車計時器、會議	輪班工作、電池壽命
日	報紙、結束拍賣、音樂嘉年華	每週採購、體育課
月	每季報表、時裝秀、軟體更新	學期、懷孕、節食
年	商業合約、奧林匹克運動會、選舉週期	大學畢業、生涯規畫、教養孩子
十年	太空計畫、能源轉型、中國計畫	借貸、存退休金、立遺囑
百年	興建大教堂、世代思維、種子銀行	種一棵橡樹、時間膠囊、相信死後還有生命

1 引自羅曼・柯茲納里克（Roman Krznaric），《長思短想：當短視與速成正在摧毀社會，如何用長期思考締造更好的未來？》（*The Good Ancestor: A Radical Prescription for Long-Term Thinking*）

發現未來

我們之所對現在和過去事件趨之若鶩，是因為有關未來的科學研究向來乏人問津。早期的人沒有想過未來的事，他們不認為自己的決定、夢想和恐懼會影響未來；相反的，他們認為未來是由別人一手策畫，他們只能眼睜睜地看著它發展。因此，多數的人無法真正影響未來，甚至只能掌握自己一小部分的未來。他們從出生到死亡都沒有離開過家鄉，一輩子待在同溫層，從事和父母一樣的工作。面對疾病、饑荒和戰爭等事件，他們毫無防衛能力，也由於往往不了解因果關係，把幾乎所有的事情都歸咎於深不可測的天意。懷孕、暴風或愛情都是突如其來、完全不可預料，所以，思考未來對以前的人來說毫無意義——尤其是在生存才是當務之急的時刻。

從十六世紀開始，一切開始出現轉變。發現美洲大陸、宗教改革、法國大革命、啟蒙運動，當然還有科學的進展照亮了未來的前景，讓創新、想像和想法有了自由發揮的空間，科幻小說和政治烏托邦就在這種情況下順勢而生。到了十九世紀，由於科學的進步和數據的搜集，管理未來的工具更趨多元，像是預測壽命、天氣預報和保險等概念，至今都仍盛行。

無獨有偶，哲學界漸漸對未來的議題萌生興趣，物理學界則是在解碼時間現象方面取得各種進展，其他領域也能看見未來的蹤跡：二十世紀以降，各國政府一直仰賴經濟預測，而基因的發現有時讓人不禁懷疑能在多大程度上預知一個人的命運。

不過，直到一九八〇年代人類在研究未來方面才出現重大突破。隨著大腦斷層掃描的發明，終於有一個工具可以了解未來對人類大腦意味著什麼，因為在大腦中，未來和過去及現在幾乎一樣的真實。科學證實，未來並不是遙遠的時間點，而是今日人們對它的想法、感受和作為；研究也表明，人類思考未來的程度（很多），他們朝向未來前進（走得不遠），這些都會提升他們的幸福感。甚至還有研究指出，你越是想像某種未來，那個未來發生的可能性就越高。這不僅僅是流行心理學：一旦大腦專注一個目標，它就會過濾掉過程中的不重要事物。但也許最重要的是，大腦無法區分日常未來和地球未來的不同。如果人類把焦點放在某件事上，他們就有能力關注兩者，只可惜多數人並沒有意識到這一點。

危機中的未來

許多人鮮少深入思考遙遠未來的最後一個原因是，如今的未來並沒有特別吸引人。尤其是西方社會面臨了這個問題，原因在於：首先，未來的想像充斥著多種負面的版本；其次，以往那種值得嚮往的未來已不再吸引人，或其實已過時。這之所以會是個問題，因為在理想情況下，悲觀和樂觀的未來之間應該要能達成平衡，如果其中一個占了壓倒性的優勢，而另一個顯然不存在，整體對未來的感受就會是絕望的。

悲觀的未來我們已有耳聞：氣候變遷、人工智慧和機器人可能帶來的影響、急遽變化的社會規範和價值觀、核戰威脅、社會萎縮、物種滅絕、流行疾病等不勝枚舉。這些未來的景象不僅讓人感到絕望，同時也攸關生存，這意味著它們將為我們的生活和工作方式帶來無法逆轉的改變，危及到我們的生存，並波及大量的人口。

這些悲觀未來的共同點是，它們常常被認為我們無能為力改變，並受到其他不可控制的力量左右。一旦我們認為自己沒有絲毫影響未來的能力，我們就失去了塑造未來的可能性，只能被動承受命運——因此，就像古時候看待未來的方式，只有至高無上的神靈才能主導未來。當我們悲觀地看待未來時只想視而不見，這就是所謂的「卡珊德拉情結」，這個概念是以希臘神話人物卡珊德拉命名的，她能預知未來，但因為她給特洛伊人帶來壞消息，最終被人忽視和拒絕。這種現象在今天也很普遍：只要我們聽到太多不好的預測，就會陷入一種動彈不得的狀態；我們沒有採取行動，也不做決定，更不去想像自己能影響未來，乾脆兩手一攤什麼都不做，基本上等於放棄了未來。

雖然這麼說已經很糟糕，但現實遠不止如此。悲觀的未來可以與樂觀的未來相互平衡，事實上，未來通常就是兩者的混合體，但以往值得追尋的未來，現在卻是一片空洞。從前，多數的西歐人認為美好的未來包括繁榮與自由，他們也希望將這樣的理想未來輸出到世界其他地方。這種理想未來的核心價值是一種進步的哲學思想，本質上相信每一代都會過得更好。我們多數人也將個人的未來深深繫於這個理念之上，並努力追求更好的經濟條件。關於未來滿意度的調查中，基本上都會問到這個問題：「你認為你的孩子在經濟上會比你過得更好嗎？」長久以來，答案通常都是肯定的。

另一種未來的樣貌是社會主義式的，它承諾更美好的前景，但其中的可塑性卻較低。很明顯的，這樣的未來揭示著世界上所有國家終將由工人來領導。過去的冷戰不只關乎勢力的抗衡，同時也和未來的走向有關：西方陣營主張人們可以在資本主義和自由中碰運氣，東方陣營則承諾明確的未來走向。隨著蘇聯解體，這份未來的承諾跟著消逝，彷彿西方陣營獲勝了。如同日裔美國社會學家法蘭西斯・福山（Francis Fukuyama）所描述的「歷史之終結」，民主和資本主義的結合是進步思想的終極目標。在接下來的幾年，民主觀念在全世界的政體中遍地開花，許多國家的經濟制度都奠定在資本主義之上。

然而這樣的未來正陷入危機。自從民主制度在全球擴張，直到二〇〇〇年初期達到高峰之後，這種模式不再到處流傳，如今只存在於全球大約一半的國家。不僅如此，民主體制國家的人民也顯現極度的不滿：全球百分之五十七．五的人對民主不滿意，德國有百分之五十，奧地利則達百分之四十六（瑞士除外，超過百分之八十的瑞士人民表示滿意）。此外，民主制度被控訴無法因應未來趨勢，因為它受到選舉週期的限制，導致它無法思考超過五年以上的問題。

另一個受到批評的是資本主義的成長承諾，它代表我們過去對未來的核心概念。在全球的調查中，百分之五十二的人同意「資本主義弊大於利」的說法，其中一個原因是資本主義被視為氣候變遷的元凶之一，而且它未能兌現全民繁榮的承諾。這種對民主或是資本主義的不滿似乎有點不公平，畢竟兩種制度卻確實取得許多成就，讓我們比前人過得更好。但問題不在於過去，而是未來，這兩個制度能給出什麼樣值得讓人期待的未來呢？

面臨悲觀未來和樂觀卻虛無的未來兩者的雙重挑戰，許多人的心情自然會沉到谷底，尤其是年輕人。百分之八十六的德國青年擔憂未來，他們不只是對自己的前途，也對世界的未來同樣感到絕望。無獨有偶，不同的問卷調查紛紛顯示，尤其是法國人和義大利人等歐洲人，連同日本人都對個人的發展、國家的走向或地球的未來感到悲觀。再加上英國天文學家馬丁．里斯（Martin Rees）和德國社會學家烏爾里希．貝克（Ulrich Beck）沒有科學根據的悲觀預測，在未來一百年人類的生存機率僅為百分之五十，這無疑是雪上加霜。最終的結果是，卡珊德拉情結狠狠擊中每個人，整個社會的所有階層都對未來避之唯恐不及。

未來的其他選項

所以，每個人都對未來感到恐懼嗎？答案並不盡然，西方國家似乎對這個問題特別有感。世界上大多數地方仍有樂觀的人，特別是年輕的男性和女性，他們打從心底認為他們的孩子會過得比自己更好，他們的國家也會朝著正確的方向發展。

我們可以說，這種樂觀的態度是擁抱無限可能的結果：有些人生活在經濟條件不那麼優渥的地方，但他們仍有向上改善的空間，因此他們的心態正向且積極。反觀西方國家已經沒有什麼可以提升的地方，那麼還有什麼值得追求的呢？不過，這麼說也忽視了人的夢想，因為並非所有的人都會因為經濟成長而極度看好未來：以中國和沙烏地阿拉伯為例，根據調查，兩國人民的樂觀指數分別達到百分之八十和百分之七十五，他們的收入水平和歐洲不相上下。這種樂觀情緒並非來自對更多財富的希望，而是因為兩國政府都將遙遠的未來作為主要的政策基石。中華人民共和國主席習近平宣布，在二〇四九年以前要將中國打造成「世界最富強的國家之一」；沙烏地阿拉伯的二〇三〇年願景承諾，不僅要在沙漠中打造繁榮的城市，更要讓人民變得更健康、更幸福。顯然人民相信政府的領導——這樣的未來他們願意買單。

相較之下，歐洲各國卻沒有提出積極的未來預測，反而希望避開不幸的未來：一個失去工作、氣溫上升和價值觀動盪的未來。無論大家對這種說法有何意見，歐洲的前景充其量只能被稱作維持現狀或是緩慢的倒退，就像美國也有類似的情況，所以政府承諾要讓它「再次偉大」。絕大多數的民主政府當然不會夢想著發表任何二〇三〇年的宣言，更不用說二〇五〇年，那時他們的權力早就不在。（歐盟的情況略有不同，因為它有七年的預算週期，自然就設立長遠的目標。或許這也是為什麼有百分之六十六的人看好歐盟的未來）。

這種非未來的問題在於它稱不上真正的未來。根據定義，未來總是和現在不同，唯有如此才能激勵人心。科幻電影之所以迷人，因為它讓我看見有別於當下的場景——理想中最美好的畫面。如果有一部未來題材的電影，內容是守舊的社會，這部電影注定要失敗。

因此，描述未來的方式和它的內容一樣重要，甚至更重要。一個關於成長、創新、無限可能和讓人耳目一新的故事，永遠都比一個聽起來落伍、衰退或原地踏步的故事更能打動人心（當下許多反烏托邦，也就是負面的科幻電影盛行，其實正是個明顯的訊號：人們甚至已經無法再想像一個美好的未來了）。

這也解釋了，為什麼自俄羅斯入侵烏克蘭以來，該國的樂觀指數從百分之四十提升至百分之五十二，悲傷憂鬱的人群比例從百分之四十一降到百分之二十七。戰爭在這方面所帶來的效應重新開啟了一個可能性，許多俄羅斯人認為就是西方未來模式的成功才導致它們失去發揮的空間。俄羅斯智庫在二〇二一年的一份報告指出：「未來已經變得無關緊要……當歷史終結的階段過去，仍然無法預測的未來的時刻來臨時……未來將會再次出現。它不是注定的，我們每個人都可以加入打造它的行列。」對許多俄羅斯人來說，戰爭確實讓他們無法規畫未來，但也讓他們感受到未來掌握在自己的手中。

未來的意義？

由此我們可以推斷出三件事：首先，我們以為的災難和富裕程度和未來的好壞無關，重點是我們認為自己能對未來發揮多大的影響力，我們的能耐越大，心態就會越正向。另一方面，影響力不是客觀事實，它是一種感覺，取決於我們面對未來時有多少選擇，選擇越多，能發揮的空間越大，也會更加樂觀。

其次是，雖然創造選項是每個人，包括國民和政府部門的任務，但後者擁有更大的影響力，因此要負更多的責任。他們需要制定架構、採取更具前瞻性的策略，並在針對未來的規畫和法規上保留更多的彈性空間。不過，光是這樣還不夠。政府還需要有好的描繪未來的能力，而不是僅承諾維持現狀。國民會因而感謝政府：許多調查指出，全世界的人都希望他們的政府能思考得更長遠，部分國家也開始因應這樣的趨勢：瑞典、阿拉伯聯合大公國設立了未來部長，歐盟和威爾斯成立了未來世代委員會，芬蘭和聯合國也有世界未來委員會，它們代表未來世代的利益。

但是，還有最後一點，政府部門不能獨攬規畫未來的大權，來自企業與個人的創意與提案同樣重要。少了以未來為導向的變革動力，社會就無法實現創新，不管在科技、教育還是科幻領域，人們不會質疑當前的現況，也不會研擬出未來可能的樣貌與選項。

這些事情已在世界上其他角落如火如荼展開：美國加州恆今基金會（Long Now Foundation）正在推廣一種理念，將我們自己看成影響未來一百年，甚至是一萬年的生命。在日本，未來設計運動發起了一種新興的公民集結活動，參與者必須在活動上代表未來的居民；日本科技巨頭軟銀設立了一千億美元的願景基金，提供該公司進行未來三百年的規畫。這些作為不僅在道德層面上意義重大，在經濟層面上同樣重要。研究顯示，企業的思考越長遠，中期內的收入和利潤就越高；個人亦是如此，有遠見的人看的是長期的股市走向，並做出更妥善的財務決策。

這些例子也告訴我們，無論是資本主義或是民主制度都不會造成短視近利。研究顯示，長遠思考的民主國家是最適合面對未來的政治制度，而非人們有時偏愛主張的威權政體；這份研究報告也指出，瑞士在民主方面排名第四、奧地利排名第十二位，德國遠遠落後排名第二十八位。

這些結果與全球的樂觀指數相互呼應，顯示出「進步哲學」這一理念仍有其擁護者——不僅限在它的發源地，這一理念本身仍然有效。更重要的是，它能逆轉卡珊德拉情結所帶來的影響，重新開啟未來的可能性，這也是本書想達成的目的。

應用未來

用說明書這種實用的形式來描述像未來這樣抽象、哲學化的概念可能有點奇特。但是，未來不是菁英才能談論的現象，而是人類最根本的存在。每個人都有能力想像未來、對未來感到恐懼或懷抱希望。這也是為什麼本書不是純粹的哲學、心理學、物理學、神經科學、數學或歷史書籍，而是綜合所有學科甚至涵蓋更多領域。正因為未來深入人類群體一切事物中，無法單憑一兩個學科就能解釋清楚。而且，由於未來終究是在個人和集體層面中被「創造」出來的，我們在日記裡寫下未來的內容或政府設想出來的未來藍圖，在結構上並無差異。

做為一個想試圖進一步理解人類意義的人，你可以讀這本書；做為尋求更長遠思考的企業或政府，你也可以讀這本書。

不管是針對個人或企業政府，本書都盡可能讓未來的議題更容易上手且一目了然，就像是一部吸塵器的使用說明書。在第一章數據資料中，我們將從整體層面來討論未來的目的、未來有哪些形式以及要從什麼地方和哪個時間點開始；第二章會介紹組成未來的內容，包括啟動關鍵、現在和過去以及創造力；第三章使用指南會解釋各種面對未來的步驟；第四章將會介紹有關未來的安全事項，包含像是災難性思考、宿命論、偽造的未來和幻想式思維等風險；第五章也會提到故障排除指南，像是無法看清的未來或看起來很糟糕的未來，以及要如何應對突如其來或平淡無奇的未來。就像每本使用說明一樣，這本書最後也附帶一項保證：不能承諾未來會像玫瑰般絢麗，但未來永遠擁有無限可能。

事實上，我們並非生活在一個前所未有、令人恐懼且不可預測的世界，儘管我們到處都聽到這樣的說法。我們活在一個條件非常優渥的時代，你生來就能有活到老的保障，更擁有極大的自由，隨心所欲過你要的生活。在過去的三百年裡，人類已經從對未來束手無策進步到可以預見、形塑和夢想未來。只是，由於數十年來的計畫、由於人類的自以為是和對未來的懶散，現在世界籠罩著一種無力感，認為未來無法塑造、無法預測，並且對於如何最大化未來所代表的無限可能所知甚少。

這些感受最終促使我寫下這本書。在我從事歐盟未來預測戰略工作期間，我不斷遇到兩種情況：人類想要知道思考未來的「絕佳」方式，總是在尋找能通往未來王國的那把鑰匙。結果往往失望地發現，原來思考未來的最佳方法不必用複雜的方法論，也不必用所費不貲的資料庫，方法很簡單：只要磨練自己的思維。質疑自己的信念和知識，尋找與我們假設互相矛盾的訊息，控制自己的情感，關注新事物，從各種來源汲取知識養分，這些都是很簡單的事情，但我們許多人卻興趣缺缺。這意味著要批判性思考並質疑自己，玩轉概念和方法，而非完全相信至死不渝。學校不教批判分析思考，也沒有教如何汲取及過濾知識，人類和政府部門都對未來感興趣，然而，提到要為此投注心力時卻都提不起勁。大家情願找他人來替自己捉摸未來，這也是為什麼他們常常誤信那些販賣錯誤未來預測的人。

另一種情況是，我們多數人長期抱持著悲觀態度，無時無刻消極地唱衰所有事物，彷彿悲觀成為了一種智慧的表現。即使證據明明白白地攤在面前，他們還是無法改變自己的想法。首先，這可能意味著他們永遠沒有適應未來的能力，其次是他們幫不了自己，因為悲觀只會導致無助感（順帶一提，過度樂觀也無濟於事，之後有專門的章節來介紹這一點）。解決的方法在選擇兩者之間的中庸之道，結合創造力、知識、智慧、想像力和事實，勾勒出未來的可能性，想像最美好的願景，做最壞的打算並與意外共存。

第1章

基本資料：什麼是未來？

我們的座右銘是：「比人更像人。」

——瑞秋，《銀翼殺手》（*Blade Runner*, 1982）

乍看之下，這個問題的答案似乎很簡單：未來是尚未發生的事情，我們每個人都擁有未來，而且崇尚主流的人相信未來完全無法預測。

然而仔細一看會發現，我們無法用三言兩語來解釋未來：我們每個人都能想像未來，但是有些人卻可以比別人做得更好。對某些人來說，未來在他們的前方，有一些人則認為未來在背後，因為他們看不見。大多數動物似乎沒有強烈的未來意識，唯獨松鴉。也有些人認為，未來是電影和連續劇的題材，還有人則是從來不想花心思去想未來的事。

所以未來到底是什麼？在這個章節裡，我們將要探討未來的主要特徵，像是未來的起源、目的和不同的類型（是的，因為未來的型態不只有一種）。

1. 未來的主要特徵

首先，也是最顯而易見的：未來是關於即將發生的事情。此外未來有兩個姊妹：一個是當下的現在，另一個是我們身後的過去。到目前為止，未來就這麼簡單。

不過，未來的意義為何？首先，時間是相對的，也就是說每個人對時間的感知不盡相同。這種想法比較新穎，因為長久以來，人類認為時間是絕對的，是一種獨立於人類之外的現象，就像是花朵或是太陽一樣。當然，我們的祖先也意識到，人類對時間的感知往往因測量的方式而不同，但是沒有人能真的解釋這一點。因此在古代與中世紀哲學思考人類存在時，時間與未來幾乎沒有發揮任何作用。這個現象在啟蒙運動中開始轉變，當時的哲學家如康德開始思考時間是否真的存在。他的英國同事麥克塔加特（J. M. E. McTaggart）對此深信不疑，甚至建議廢除所有語言裡的時態（這個想法始終沒有實現，事實上，不是所有的語言都和歐洲語系擁有相同的時態，有些語言根本沒有時態，有些甚至有兩種未來時態，這正好支持了時間其實是一種感知的論點）。

多虧了愛因斯坦，現在我們知道時間是每個人共享的東西，可以根據環境和個人的不同而彈性調整。不僅個人對時間的感知不同，物理學家也相信時間的排列順序只是一種（十分強烈）的人類錯覺。事實上，過去、現在和未來在時間上並沒有明確的順序，他們同時並存（這意味著時空之旅和平行宇宙的假說不只是科幻小說的虛構而已）。在這個時間的幻想之中，有兩件事是不容置疑的：時間被視為朝一個方向飛行的箭（從過去到未來），是一個連續體，它不會停止，而且會重新開始。

這表示我們無法真的把「未來」當成客觀現象來觀察：它是一種個人化、獨特的感知，在每個人的腦海中上演，就像現在和過去一樣；這也意味著，未來也和現在及過去一樣的真實。

這聽起來或許有點奇怪，因為我們大多數人認為未來是三個時態裡最不「真實」的一個。畢竟，我們透過感官體會當下發生的事，而且手中握有不少過去的證據，包括我們的記憶、口耳相傳的故事、檔案和其他書面資料等具體物件，連同建築、藝術和體驗過這些事物的人。因此，我們普遍接受老師教我們的回溯方式，也就是過去成定局的歷史就等於是史實。相較於對現在和過去的定位方式，我們似乎對未來沒有真正的參考點。我們摸不到、聞不到未來，也不能問住在那裡的人未來是什麼樣子。因此，對未來最常見且錯誤的想像是：它是一個不真實且尚未來臨的時代，既然不是真的就無法測量、概念化和共享。

這種觀念大錯特錯。

未來真的存在嗎？

我們對時間的感知，包含對未來，都是由大腦的幾個區域產生的。這使得它有別於其他像是聽覺或感覺的感官知覺，後者只在大腦的特定區域處理（順帶一提，這種對時間的感知不能與生理時鐘，也稱為晝夜節律混淆；生理時鐘是以二十四小時為一個週期，非常精準地調節我們的荷爾蒙和能量變化，不能和我們感知到的時間混為一談）。所以，我們的大腦裡不只有一個，而是隱藏著多個可以用來測量時間的時鐘，它們投射出過去和未來的時間。

這些根據主觀時間運行的時鐘，可能與實際的時間有很大的偏差。無論是一次精采的假期讓時間飛快流逝，還是一段焦急等待火車的時光，時間的感知就像橡皮筋一樣具有彈性。這種變化一點也不戲劇性，它實際上凸顯時間其實是多麼個人化的體驗。我們做什麼、在哪裡、和誰在一起，甚至是身體的狀態，都會影響到我們對時間的感知：當我們覺得冷的時候，感覺時間過得更快；當我們熱的時候（或是剛吃了一個起司漢堡），覺得時間過得更慢了。還有，情緒也是影響因素：人在恐懼時，時間彷彿放慢了腳步，幾乎像是大腦可以拖住時間，好讓我們找到應對當下情境的解決方法。主觀的時間感知不僅影響了我們認為時間流逝的快慢，也讓我們對時間距離有感，像是某件在未來或過去的事件離我們有多遠。這個心理的時鐘就像是時間的導航，引導我們覺察身處的時間，以及那些已發生或即將發生事件與我們之間的距離。

特別是我們對未來的感知是由大腦的額葉、頂葉和內側顳葉所負責。有趣的是，這三個腦葉不只共同創造未來感，它們還有其他的任務：額葉掌管工作記憶、決策和解決問題，並確保過去的記憶不會和現況混淆。由此可以得出一個結論，我們總是以過往的記憶為基礎來想像未來並做出或許是絕佳的決定。頂葉負責處理身體的感官訊號，像是空間定位、拼湊單字並組成思考內容，同時掌管人體導航的功能。這表示時間和三維感知有關，從我們使用「長」、「短」、「遠」或「近」等空間詞彙來描述時間就可得知。這也告訴我們，未來和說故事有著密不可分的關係，至於原因，之後會揭曉。最後是內側顳葉，它包含海馬迴，能控制記憶、學習、情緒和語言，是形成人類思考的關鍵。

如果比較人類思考未來和過去時的大腦斷層掃描就會發現，雖然回憶過去時喚起的心理影像更加清晰，但思考未來卻伴隨著更多的情感。而且，隨著人們想像的未來越遙遠，掌管感覺、記憶和學習的海馬迴就會更加活躍。也就是說，我們不只會記住瑪德蓮蛋糕的口感和氣味（法國知名作家普魯斯特以此寫出了七冊小說《追憶逝水年華》），我們也能想像在度假時喝到的第一杯雞尾酒的味道，即便我們向來滴酒不沾。事實上，在大腦中的未來幾乎與過去和現在一樣真實。

時光機

在事件發生之前就鉅細靡遺地想像並感受可能發生的場景，這種創造過程的能力被稱為「心理的時間旅行」。在科幻小說裡，穿越未來總需要搭乘某種時光機器，最著名的例子莫過於英國科幻小說家H. G. 威爾斯在一八九五年出版的《時光機器》，讓這個概念深入人心。

實際上，我們不需要時光機，只需要我們的大腦。一個普通人平均一天思考未來五十九次，或者每十六分鐘就會想一次。整體而言，我們花在思考未來的時間是思考過去的三倍；而當我們回顧過去時，有一半的時間在思考過去對未來會產生什麼影響。

無論我們有意識地思考，像是計畫，或是無意識地胡思亂想，未來並不是某個時刻就會實現，而是一種獨具個人色彩、創造性、充滿想像和感性的思考過程，這個過程就像是在腦海中創造出某種未來現實的立體全貌，有點像電影《星艦迷航記》（*Star Trek*）中的「全像甲板」。這種能力正是人類核心特質的基礎：期望、決策、偏好和自由意志。這也是為什麼有些人認為我們不是智人（理性的人類），而是計畫人（*Homo prospectus*），我們不是用推理能力來定義自己，而是取決於我們以未來為導向的思考能力。無獨有偶，在希臘神話中代表「先見」的普羅米修斯被描繪成帶來火和藝術並解放人類的英雄；他的兄弟，代表「後見」的艾比米修斯不僅較少受人矚目，還經常被當成是愚笨之人。這對兄弟的故事試圖傳遞一個概念，感知並眺望未來的能力是人類實現自由的關鍵。

2. 用途：為什麼需要未來？

當我們想像沒有未來會怎麼樣，思考未來的目的就不言而喻了：如果不思考未來，我們會花光所有的錢，傷害我們的身體，對人際關係和財產毫不在意。簡單來說，我們會做出很多自己在未來會感到後悔的事。然而，如果你仔細觀察會發現，思考未來的能力不僅是為了把傷害降到最低。

首先，擁有未來感對學習而言至關重要。畢竟，如果不能從經驗中學習未來，那經驗還有什麼意義？伸手碰過熱爐灶的人馬上就學會以後應該避免去碰。記憶可以幫助我們得出結論，並提高我們未來的生存機會。

不過，這只是未來最基本的功能之一，它還有更多複雜的用途，例如最典型的一個功能：想像未來能幫助我們應對不確定性。雖然我們對很多事情都很有把握，但我們對未來的了解卻有限，而且人類天生討厭不確定性，甚至討厭到寧願選擇接受一個壞消息，也不願面對可能是好的、但不確定的未來狀況。想像各種未來情境的能力是我們應對不確定感的唯一工具，透過情境思考，我們的不確定感就會降低，我們會探索可能性，思考成功機率並找出行動的選項。所有這些加起來給我們一種掌控感（或是掌控感的錯覺），進而產生安全感，而最重要的是，我們會更容易做出決策。

因此，除了為了生存，未來的另一個目的是做出決策並付諸行動。或許是因為時間和行動都是向前流動的（起碼人類的認知是如此），因此未來成為唯一可以透過行動加以影響的時間（雖然我們也可以改變對過去的看法，但那是另一回事了）。

未來——哲學的探問

想像未來的能力其實還有一個很抽象的功能，它支撐我們擁有自由的意志，並為自己的行為完全負責。這也是一個自亞里斯多德以來，至今哲學家和神學家仍爭論不休的哲學問題。反對自由意志的人有宿命論和決定論兩大派別，他們不相信有所謂的自由意志，每個人的命運注定無法改變。按照他們的邏輯，人生就好比是一部電影，我們只是觀眾，無論你喜不喜歡，結局從一開始就安排好了。另一方面，決定論也假設命運是固定的，但卻給人一種擁有選擇權的幻覺，正是這個看似自由的選擇驅動命運前進。就像《多重結局冒險案例》（*Choose Your Own Adventure*）系列，讀者可以選擇不同的選項，就是不能添加自己的想法。對上述兩個學派來說，未來的想像能力可有可無，因為未來早就決定好了。

只有當你接受了人類有自由意志，這個能力才有意義。因為只有這樣，未來能力才能創造出選項，我們也才能對自己的選擇負起責任。正是這個概念推動了十九世紀中葉起的存在主義思潮，這是唯一真正深入探討未來對人類有何意義的哲學，其中的代表人物包括齊克果、海德格、沙特以及漢娜．鄂蘭。

這個學派的興起或許並非偶然，它正好與發現時間是相對的、個體創造的現象同時出現。不僅是時間被理解為相對的，連同未來也是，這樣的觀點推翻了過去認定命運是注定的想法。

從這個角度來看，思考人類未來的目的不只是為了生存並且冷靜面對未來的不確定性，而是創造自己的選項。一個人擁有的選項越多，自由度也越大。更進一步思考：你能想像的未來越多，你就會更自由。

或許這也能解釋人類喜歡思考未來的理由。儘管大多數人普遍喜歡星期五勝過星期天，因為隔天星期六讓人期待，即便我們大多數人在星期五還要工作，而星期天可以休息，這是因為人類傾向擁有美好未來的時刻勝過正在經歷的當下。研究顯示，比起已經發生的美好經驗，我們更願意想像美好的未來可能會發生。如果把過去實際發生和未來可能發生的好事做比較，後者往往是勝出的那一方。

為什麼會這樣？很有可能我們一直高估了未來發生在自己身上的好事。身為人無一例外都會默默期待下一次度假會多精采、下一次約會的人是命中注定的緣分、下一份工作會成為通往成功職涯的跳板。只要和自己未來有關的事，我們基本上都會樂觀以待。無論是九歲的學童或是八十歲的年長者，不分性別和位於哪一種社經地位，統統相信未來是光明的，這似乎是人類的共同特點；而且，越是遙不可及的未來，在大家的眼裡越是絢麗燦爛。

人類這種重視未來多於當下的傾向似乎有點奇特，起碼我們都知道自己終有一死，連帶我們的未來也一定不會無限綿延。大家可能會認為，這種想法會嚴重影響人類想像多元的未來，畢竟你知道未來自己會生病、衰弱和死亡。

不過，我們的大腦不只生成一種，而是同時有很多種機制來應對這件事。首先，沒有人真正把自己的死亡當作一個不可避免的現實來看待。沒錯，理論上我們都知道，但研究顯示，當我們在腦海裡想像自己生命消逝時，它會陷入當機狀態。其次，樂觀的情緒會讓我們下意識排除許多未來可能發生的負面事情，讓我們用更輕鬆、也更帶點趣味的方式去思考未來。

幾乎可以說，當人類意識到死亡時，就好像也找到和它共處的能力，而這種能力反過來確保我們看待充滿可能性的未來，一個許多美好事情都可能發生的地方。

最後，還有一些科學家認為，未來的存在是為了幫助我們發展對自我的理解。就和記憶一樣，我們對未來的想像（無論是渴望的還是不希望發生的）也是我們做為人這個身分的一部分。

3. 未來的四種類型

我們已經看到未來的多種形式，儘管我們通常使用單數來表達這個概念。首先，未來的多樣性是因為未來是一段時間，就像有不同的時間距離一樣，根據距離的不同，也有各種時期的未來。其次，未來的形態也取決於我們對它擁有多少影響力。

如果依據這兩個標準畫分未來類型，一個是距離，另一個是我們對它的影響力，總共會出現四種未來，它們之間的關係就像俄羅斯娃娃一樣，彼此互有關聯：日常未來構成生命未來的一部分，我們的生命未來又成了一個時代未來的一部分，時代的未來又屬於神聖或崇高的長期未來。

未來的四種類型

	時間距離	影響程度
日常未來	很近	很高
生命未來	約一百年	中等
時代未來	十至三十年	低
神聖未來	一百年以上	很低

第一種未來被稱為**日常未來**或是微小的未來。我們可以用幾個問題來定義它：晚餐吃什麼？幾點接小孩下課？某部院線片在電影院的放映時間？下次度假去哪裡？這種類型的未來通常是循環的，不斷重複目標一致的類似行為。由於它的重複及循環性，大多數人不會把這些行為看成未來，但它卻是未來的一種。如果我們要衡量這個未來，我們會把它歸結為幾小時和幾天，甚至幾個星期，在特殊情況下甚至是幾個月。我們最常、最深入地思考這個未來，因為

它是透過我們直接的行動來決定的，而且幾乎立即就能看到結果。

第二種未來是個人的生命週期或是**生命的未來**。這涉及到一些常見的問題：何時何地開始工作、結婚、突破事業瓶頸、出版書籍、生孩子等等，通常都會以年為單位來計算。這種類型的未來是線性而非循環的，它隨著我們的年紀發展，通常對應的是人類的生命週期，最多不會超過一百年，因此它是有限的（日常的未來往往因為它的重複性而看似永恆）。同時，生命未來也像一本由不同章節組成的書本，深受社會想法的影響。這些想法都集中在我們人生二十到三十歲，因此，當我們來到四十歲左右就會發現對未來的想法開始枯竭，並開始思考我們的身後事，也就是死後的未來，這種現象被稱為中年危機。（關於這點以及如何應對，請參閱第五章）。

矛盾的是，我們會隨著年紀（客觀上，未來的日子減少了）更懂得想像我們個人的未來。因為規畫未來的能力取決於一個人擁有多少的回憶，這就是為什麼年長者仍然對未來有非常活靈活現的想像。反倒是年輕人實際上更少思考個人的未來，雖然他們原本就擁有更多的未來，原因在於他們缺乏這方面的必要經驗。

上述的日常未來和生命未來的共同點都是（或至少看起來是）我們可以自由控制的，因為個人的行動決定它的走向。或許，人們因此才會如此樂觀看待這一類型的未來：掌控感越高，心裡越感到踏實。不過還有兩種無法完全操之在我的未來類型。

群體的未來

我們幾乎無法掌控的其中一種未來是**我們時代的未來**（或稱為紀元）。我們不是在身處時代的當下為這個時代命名，多半在事後，而且通常是記者或是歷史學家來命名。基本上，每個年代之間距離十至三十年不等，並且通常會與其他時代區分開來。然而，這些區分通常基於一系列的事件，但通常是一個特定事件決定了時代的結束和新時代的開始。比較早期以及時間比較長的年代，像是維多利亞時代就是以君主的在位期間來命名，而近期的年代則較常以科技創新技術命名，例如數位時代。

這樣的未來是一種群體的未來，因為它受到許多因素的影響，並且為我們的個人未來建構了背景。最常思考這種未來的要屬中大型機構，像是企業、黨派或是民間組織。雖然每個機構也會管理日常未來，但基本上他們會考慮長達十年的時間範圍。問題是，相較於前面兩種未來類型，我們個人幾乎無法干預時代的未來。不過，如果一切運作順利的話，這或許也並非壞事。反過來看，時代的未來自然而然會對我們個人的未來產生負面影響，而我們卻無能為力，有點像是坐在汽車的後座上，而一個可怕的駕駛在開車。

因此，人們對於共同的未來感到悲觀幾乎是常態（儘管這並不妨礙他們對自己的未來一片看好）。這與一個國家的前景好壞並無太大的關聯，更多的是一個人能對時代未來產生多少影響力有關：基本上，影響力越小，對未來越悲觀。一般來說，相信未來掌握在自己手中的人，他的樂觀指數越高。最經典的例子莫過於經常被嘲笑的美式樂觀主義，恰好與未來掌握在我們手中的觀念有著強烈的關聯。雖然每個文化和國家的樂觀與悲觀程度，以及他們認為自己對未來能有多少影響力都不同，但普遍的趨勢在歐洲和美國都非常一致：對自己的未來樂觀，對時代悲觀。

最後，還有第四種類型的未來，被稱為**神聖的未來**，它遠遠超越我們本身以及我們所處的時代。這種未來就像我們的生命一樣有一個終點，但沒有明確結束的時刻。一直以來，神聖的未來也和人類的責任感相連，因為人類直接觸發這個終點，不然就是人類要從根本負起責任。這種未來的存在很可能是為了替當下和遙遠的未來之間架起情感的橋梁。

最廣為人知的這類未來或許就是基督宗教和伊斯蘭教的審判日，在這一天，神會對人們的行為進行審判。當然，這至少預設了一定程度的自由意志，否則這個過程就毫無意義。儘管這兩個宗教都沒有指定日期，也禁止對此猜測與推論，但仍有一些團體一再確定這一天已經來臨（相關議題請見第四章）。

然而，不僅宗教主張有神聖的未來，氣候變遷、物種滅絕或是核武浩劫等議題也都構成了這種遙遠而可怕的未來，並且緊扣人類的責任。世俗與宗教審判日的差別在於，前者的責任是集體而非個人的，因為氣候變遷人人有責；後者談到人死後的生命問題，它是根據每個人的罪行輕重來決定。

每種未來的出現頻率

就像開車時換檔一樣，人類也會在這四種未來之間來回切換。不過，住在城市裡的人不會經常用到低速檔，一般人也不會一直思考神聖的未來。經驗法則告訴我們，越是遙遠的未來，我們對它的影響力越小，自然不會太常想起。根據美國一份調查顯示，我們最常思考未來一個月的計畫，其次是未來一年。從這時起，人類越來越少思考未來，一個月一至兩次，其中有百分之二十二的人會考慮未來三到五年的事。對許多人而言，遙遠的未來確實是一片未知的土地：一半以上的人從沒想過未來的十年，四分之三的人未曾想過三十年後的未來。

部分原因是因為我們感知特定未來時間點的能力會隨時間推移而減弱，當我們失去外在的時間參照時，我們對時間的感知就會漸漸消失。在沒有時鐘的情況下，人類對時間的感知是以周遭環境來判斷的：太陽落下或升起代表一天，再次看到滿月代表一個月，當四季輪替一次時，一年也就結束了。或許這就是人們常說農業讓人類獲得了時間感（雖然從人類農耕到第一個曆法出現，中間相隔了約一萬年，農業本身不能完全解釋這個現象）。因此，像是靠著日、月和年等時間單位，我們就能清楚感覺到未來的遠近，因為環境提供了明確的時間參考點（順帶一提，一週七天並不是自然界的時間單位，而是巴比倫人於公元前四世紀引入的，因為他們必須將過長的月亮週期畫分成容易管理的時間區段）。

超過一年以上的週期，只有少數的方式能表明時間的流逝，像是樹木緩慢的生長就是為數不多的例子之一。或許這也解釋為什麼描述未來的詞彙非常有限，像是明天、星期、月分、年等。一般來說，我們多數人認為最遙遠的未來大概就是一百年，大約是人類壽命的長度，再遠就難以具體想像或感受了（此外，曆法和時鐘不是時間感的替代品，因為它們無法製造時間感，只不過是幫助我們將個人的時間感與整個社會同步的工具）。

當涉及距離現今真的十分遙遠的未來時，例如幾十年，甚至幾百、幾千年時，我們通常難以招架。這也是因為，如此遙遠的未來在認知上是一大挑戰，我們無法用經驗數據來填補未知，必須靠幻想和想像來填補。所以，某項研究的參與者曾說，他們想穿越一百七十五年回到過去，但只想穿越到四十年後的未來。

我們不常在精神上旅行到遙遠未來的另一個原因，因為我們失去了心理學上所謂的「自我連續性」。這意味著我知道五分鐘前的我和現在的我，以及五分鐘後的我都是同一個人。隨著我們往未來看得越遠，這種自我意識就會變得越來越薄弱，最終大腦會真的把未來的自己想像成另一個人。這個現象還沒有充分的研究，但後果可能從令人不快到嚴重不悅。因為如果未來的我是完全不同的人，要將各種健康、財務或情感生活等條件加諸在他身上就容易得多，畢竟，感覺上並不是我在付出代價（事實上，十年後的我的確不再是同一個人，研究上經常低估一個人在十年內發生的變化）。從這裡就可以看出，為什麼我們面對預防措施總是舉棋不定，因為戒菸或擦防曬感覺起來都不是為了自己。

不過，這並不表示我們只能思考到未來的一年，但這確實意味著我們腦海中近期未來的圖像會更清晰，而且我們必須付出更大的心力才能想像更遙遠的未來。一個人的思想越深入未來，他感受到的時間會越不真實，而且會逐漸失去現實感。這通常意味著，我們想像未來將發生**什麼**事情是準確的，但在**何時**發生卻不準確。

某種程度上來說，二十一世紀的我們偏好關注短期的未來。儘管某些人聲稱時間跑得比較快，但卻並非如此，而是因為我們需要在一個有限的時間範圍內塞進更多的選擇和可能性，導致我們的目光只侷限在眼前。實際上，我們花在做白日夢的時間越來越少，陷在悲觀情緒的時間越來越多，我們幾乎沒有餘裕思考遙遠的未來。透過以下的測驗，你可以看看自己是否經常只顧著現在而忽略了未來。

測驗：你有多少未來感？

	完全不同意						完全同意
我經常考慮將來事情會變成怎樣，並嘗試透過我的日常行為來影響這些事情	1	2	3	4	5	6	7
我經常做一些或許經過很多年才能看見成果的事	1	2	3	4	5	6	7
我的行為只為滿足眼前的需求，因為我認為未來會有自己的一套規則	7	6	5	4	3	2	1
我的作為帶來的立即結果會影響我的態度（立即＝幾天或幾週內）	7	6	5	4	3	2	1

	完全不同意						完全同意
舒服感會大大影響我做的決定和行動力	7	6	5	4	3	2	1
我願意犧牲眼前的快樂或幸福，以達到未來的成果	1	2	3	4	5	6	7
我認為必須認真看待負面結果的警示，即使它要很多年之後才會發生	1	2	3	4	5	6	7
重視長期行為比短期行為更重要	1	2	3	4	5	6	7
我通常不在意有關未來可能出現問題的警告，因為我認為這些問題在演變成危機之前就會被解決	7	6	5	4	3	2	1
一般而言，現在不必做出犧牲，因為問題也可以在日後處理	7	6	5	4	3	2	1
我的行動只是為了滿足當前的顧慮，並假設我會處理未來發生的問題	7	6	5	4	3	2	1

由於我每天的工作都有具體的成果，所以對我來說，這件事比很久之後才能看見成果的工作更重要	7	6	5	4	3	2	1
做決定時候，我會考慮它在將來可能對我造成的影響	1	2	3	4	5	6	7
我的行為通常會受到未來後果的影響	1	2	3	4	5	6	7

請計算總分。

七十七到九十八分：「未來至上」

總分在這個區段代表著一個人總是想著未來，幾乎忘了現在。你不會為了未來去借貸，你可能也不抽菸、會塗防曬並且會在騎腳踏車時戴安全帽，你已經存夠了退休金，遺產也妥善管理了。唯一的缺點：關於未來，你要做的不只是預防措施，更要增加遊戲和樂趣。不願意冒險只敢做百分之百有保障的事，這樣也把未來好的部分排除掉了。偶爾讓自己冒一點風險，像是從菜單上點一道新菜，可能有助於平衡這一切。

五十五到七十六分：「平衡高手」

你能在不同的時間之間取得很好的平衡。你經常思考未來，並在做決定時考慮到未來，但仍不忘活在當下，在兩個時間之間遊刃有餘地來回。如果更專注當下就能達成中庸之道。

三十三至五十四分：「未來不遠」

對你來說，未來當然存在，但並不遙遠。你常常想著下一次的度假或是下一回的晚餐，明年不在你的思考清單上，更不用說是下一個十年。花點時間思考全局，未來的你會感激現在的你。

十四至三十二分：「及時行樂」

未來？哪一種未來？這個結果意味著過度專注在當前，完全活在此時此刻。這種心態讓眼前的生活多彩多姿，不過未來卻必須付出代價。如果你過於沉迷現在的生活，請定期創造一些讓自己有意識替未來做決定的時刻。

4. 起源：未來的故事

人們可能會認為未來一直存在，或者至少和人類一樣久遠。但從我們作為個體的發展過程來看就可以看出，這一點其實並不完全正確。大約三或四歲時，人才會開始出現未來的感覺和能力，不過也只是知道簡單的「昨天」或「明天」。一直要到七歲時才能真正感受到時間的遠近，例如距離聖誕節還有三個星期。儘管如此，孩子們生活在當下的時空，直到他們開始有記憶時才開始真正認識未來，一旦他們能夠記得自己經歷過的事情，就會開始理解將來會有事情發生，隨著年齡的增長，這種能力就越明顯。

好比每個人在不同的人生階段擁有不一樣的未來能力，全體人類也是如此。這意味著，今日應對未來的能力和六千年前並不相同，但是人類究竟從什麼開始擁有這份能力就不得而知了。

石器時代的祖先有什麼樣的未來感知，我們幾乎沒有線索，但我們從墳墓的陪葬品中得知，他們感受到人死後有生命，因此至少擁有一種關於超越自身的未來感。此外，他們遺留下來的工具和顏料也顯示他們具備規畫和創新的能力，這兩者也屬於未來能力之一。即便如此，我們直到現在還沒有進一步的證據證明早期的祖先是如何看待時間和未來。

有關未來感的第一個直接證據可以追溯到公元前兩千四百年，當時美索不達米亞的蘇美人創造了第一個曆法，至少是我們今天所知的第一個曆法，和我們現行的日曆十分相似。它分成十二個月，每個月包含二十九或三十天，雖然沒有星期的概念，但每個月的月初、第七天和第十五天都有休息日。這個構想直接源於大自然和星象：用日出和日落來計算日子，用月亮的變化週期來制定月分。蘇美人也和我們一樣，每隔四年會再多加一天。這個曆法也標注了雨季和旱季，這也代表他們會用它來規畫農耕。如果沒有這樣的規畫機制，這個文明可能會一直被幼發拉底河及底格里斯河的週期性洪水打得猝不及防，多虧了這個曆法發揮了最大的預警優點，減少了潛在的負面影響。

蘇美人也使用這個曆法來預測未來。他們是第一個發明文字並用它來記錄重大事件的民族，他們也寫下事件發生時的所有細節，包括自然界的變化、星空中的異象，以及祭祀時觀察的動物內臟，搜集這些預兆可以為下次預警做準備。當然，蘇美人的預言常常出錯，因為他們還沒有辦法破解因果關係——徵兆無法預知未來——但他們無疑是第一個在環境中尋找模式的人，目的是減少未來的不可預測性，他們利用過去作為未來預測的數據基礎。雖然蘇美人相信神靈會限制他們操控未來，但他們仍然試圖找出神靈的安排，在某種程度上降低不確定性。

透過曆法、星象、事件記錄甚至占卜，蘇美人發明了未來的概念：他們不僅知道未來的存在，還用系統性的方法預測未來。

管理未來的先驅

從美索不達米亞開始，曆法和算命術被用來掌控未來，連同文字和占星術一同傳遍了整個地區和其他地方。在古埃及、巴比倫人、亞述人和古希臘人及羅馬人，還有在波斯、印度河流域、古代中國和位於今日祕魯的小北文明，當時候的人都用這種方法來預測未來。幾乎在同一時期，人類開始對未來產生一種理解，認為未來是一個可以管理和預測的時間。

各文明預測未來的方法

文明	工具	時間
蘇美人	曆法、占卜	西元前二四〇〇年
哈拉帕（巴基斯坦）	棋盤、骰子	西元前二〇〇〇年
遠古中國	神諭、骨文預測	西元前一三〇〇年
巴比倫	占星術	西元前七百到五百年

希臘	神諭、先知	西元前七百年
馬雅	曆法	西元前五百年
印度	手相	西元前五百年
羅馬	水晶球	西元前一世紀

蘇美人管理未來的方式有兩個特點，首先，只有菁英才看得見未來。這是有原因的，因為在一個階級分明的社會裡，個人幾乎無法決定自己的生活。而且正如前面所說，未來的概念和自身影響力及責任密不可分。其次是蘇美人認為未來無法改變，只有在正確解讀預兆的情況下才能預知。因此，雖然人類可以提前為洪水做好準備，如果洪水真的氾濫成災，那也是神靈的旨意，再多的準備也無濟於事。

接在蘇美人之後的巴比倫文明改變了這個想法。起初他們簡單地透過觀星和記錄它們的位置，計算星星何時會重新出現。這完全是一種革命性的做法，因為它改變了他們看待環境以及未來的方式。突然間，所有現象不再是神靈神來一筆而促成的隨機事件，而是可以預見且重複發生的事件。巴比倫人從單純觀察星象的變化，預測它們未來移動的位置。

不過巴比倫人不滿足於此，他們深信自己可以預測一切與星星無關的事，像是在特定星象出生的人，他們的生活和性格會是如何。占星術（字面意思是「時間的徵兆」，代表出生的時間）大約是在西元前七百到五百年之間的某個時刻發展起來的。藉由這個系統，巴比倫人不但將未來變成可以用數學準確預測的東西，也奠定了個人管理未來的基礎。雖然一開始只有國王享有占星術預測的特權，之後又傳給了王國內的菁英，最後更傳播到其他社會階層，當然也傳到其他國家和文化。

然而整體來說，當時的人無法大幅主導未來，宿命論和決定論仍是當時的主流觀念。這也與在上帝面前不存在義務和個人責任的概念有關：古羅馬人沒有天堂做為良好行為的獎勵，幾乎所有的人最終都進入了地獄（只有少數人到了極樂世界，這是眾神認為特別有價值的人的第二層天堂），而真正的天堂奧林匹斯山只屬於眾神。所以渺小的未來是可以預測或規畫的，但除此之外就超出人類能力所及的範圍。

輪到你了：把未來當作一種選擇

這種情況開始出現變化，最初是印度教和佛教，以及後來的基督教和伊斯蘭教（以及在那之前某種程度上的猶太教）引入了一個前所未有的觀念：人在死後必須為自己世間的行為負責。世界五大宗教都設定了萬物終結的概念，但在個人責任的這一點卻略有不同。在印度教和佛教中，今生的行為決定來生的狀況，這種主張是建立在輪迴轉世的觀念上；在基督教和伊斯蘭教中，人們會上天堂還是下地獄，取決於他們在世上的表現；至於猶太教，不同的流派對於個人行為在一定程度上決定人死後的結局也有不同的看法。當然，基督教和伊斯蘭教仍然認為上帝做為萬物主宰，包括創造了未來和個人的命運，在這個前提下，個人責任依然是關鍵。換句話說，上帝給了人們做出正確和錯誤決定的機會，然後讓他們為這些決定負責。

當然，個人責任的核心是自由意志，也就是人類行動力。基督宗教與伊斯蘭教中禁止占卜的規定也正是強調了這一點：未來之所以無法預測，因為它不僅由上帝決定，也由個人的行為決定。

中世紀時，天主教會淡化了基督教主張的個人責任概念。首先他們引入了煉獄（介於天堂和地獄之間的地方，人們可以在那裡接受懲罰以彌補自己的罪），以及後來販售贖罪券。於是，人們實際上可以用金錢換取上天堂的路，或在今生受苦來彌補自己的罪過。

有兩位宗教領袖對這種未來觀點持反對意見：馬丁・路德（Martin Luther）深信，要在上帝面前獲得赦免不是靠行為而是信仰。因此，無法再透過金錢或受懲罰來贖罪。這也是為什麼新教廢除告解聖事的制度，等於是把更多責任交還給個人，讓每個人更直接地面對自己的行為。約翰・喀爾文（Johannes

Calvin）則有另一種看法，他認為無論人類是否擁有自由意志，不管他們的行為如何，他們的命運都是由上帝預先設定的。所以，不同於一般人認為新教只有一種未來觀，內部其實存在多元的觀點。不過他們雙方的共通點是拒絕人在今生可以贖清自己的罪的想法。因此，比起天主教，個人的責任在新教裡更加沉重。

發現未來

我們現在所認識的未來概念真正始於十七世紀。從那時起，未來首次被視為透過人類行為所塑造的時間，不再是上帝審判人類的時刻。在此之前，科學並不是一個獨立的領域，世界主要是透過神學和哲學來解釋和理解。但是自哥白尼、伽利略和克卜勒之後，物理學家如笛卡爾和牛頓開始相信，世界實際上像一台運轉的機器，是一連串有因有果、機械式的事件排列組合。笛卡兒與蘇格蘭哲學家大衛·休謨一起否決了亞里斯多德和其他人主張的因果論，奠定了我們今天仍然相信的觀念：每個結果都有其對應的原因。休謨在一七四八年出版的著作《人類理智研究》（*An Enquiry concerning Human Understanding*）寫道：所謂因果是「連結過去和未來的規則」。

隨著每一個新發現的因果關係，世界和未來也變得越來越可預測。這種突破性的想法讓許多哲學家真的把自己視為科學革命者，他們發現太陽不是繞著地球轉，引力是行星自轉的結果等等。這股潮流從天文學領域迅速席捲至人類生活的其他領域，像是醫學、生物以及後來的社會科學。就這樣，人類至今仍孜孜不倦地試圖理解一切。

如果每種結果都有原因，那麼上帝的道理就不再是不可理解的奧祕，也代表這個世界可以被理解，未來的影響力也因此可以預測。突然間，未來變成了主要是人類行動所導致的結果。既然如此，接著要思考一個更深層的問題，例如：如果未來的時間是屬於我們的，我們該如何處理？這一切是否有更深層的意義？有什麼方法可以找出我們應該做些什麼？

第2章

操作裝置和零件：未來的組成元素

「未來是你創造出來的。」

——布朗博士，《回到未來III》（*Back to the Future* III, 1990）

未來由四個部分組成：開關鍵、現在、過去和創造力，這些條件人人都有。但是，怎麼讓四個條件彼此相互運作，怎麼分配它們的占比則是因人而異。原因在於，理論上每個人擁有一樣的條件，但實際操作時卻會受到各種因素的影響，像是年齡、感受、文化、性格、經驗、價值觀、目標，甚至是我們當下的心情。就跟指紋一樣，每個人的未來樣貌都是獨一無二的，從個人到企業、政府和再到整個國家都適用這個原則，因為無論是誰都用這些條件來組合自己的未來。

1. 開關鍵

我們的心智在時間上有三個階段：過去、現在和未來，雖然可以在不同的時間之間切換，卻沒有辦法同時存在兩個時空。於是，我們只有在沒有全神貫注於別的事情上時才有能力思考未來。也就是說，如果我們驚慌失措地想著提款卡密碼時，根本無法思考接下來的度假計畫。

要怎麼啟動思考未來的開關呢？方法有兩種：刻意把焦點轉到未來，或隨心所欲，偶爾為之。前者是有意識地計畫包含一切細節，後者是精神上的漫遊或是做白日夢。無論是哪一種做法，它們會達成各自的目標並帶來不同的結果，兩者也沒有高低之分，在思考未來時也是缺一不可。雖然政府和公司等團體傾向於計畫型思考，個人則傾向於做白日夢，不過，最好是兩種方法能輪流使用。

就讓我們從大家都熟知的做白日夢開始吧，這是每個人都非常熟悉的事。做白日夢時，我們的大腦就像猴子一樣，從一棵樹盪到另一棵樹，想法一個接著一個。當我們無所事事的時候就會開始做白日夢，特別是「沒事可做」或做一些像是等待或聽講座的無聊事情，亦或是開車或切蕃茄，這些都不會讓大腦處於緊繃的狀態。對科學界來說，這曾是一項令人驚訝的發現：當他們在腦部掃描中觀察到這種狀態時，才發現人類的大腦即使待機，也不是無所作為。

研究顯示，我們的大腦經常獨自啟動思考模式。我們清醒時，有將近一半的時間大腦都忙著思考，而且大部分和未來的事有關。大多時候，我們的大腦會透過趣味的、有結構的圖像想像未來，包括我們需要或想要做的事情、未實現的願望（從我們喜愛的對象到職業目標，甚至是復仇），以及其他一連串與未來有關的事情。

儘管大腦比較常處理特定元素而忽略其他的原因尚未明朗，但有跡象顯示，大腦會特別偏好對一些認為需要事先準備的事物進行反覆思考，例如：大腦做白日夢時，可能不會反覆思考如何拼寫某個單字，反而更常思考下週要上台演講的內容。另一項研究指出，受測者知道自己接下來要做地理測驗時，他們會花百分之七十的時間思考有關地理的問題；不知情的受測者做白日夢時，只花百分之十的時間思考地理的問題。因此，時不時放飛思緒也不失為一個好方法，能夠讓你更加了解自己，或許還更貼近夢想中的未來。除此之外，白日夢還有其他更重要的功能。

白日夢的用途

做白日夢不必費力，不限時間，也可說是一件愉快又輕鬆的消遣活動。上一秒還在想下一次的度假，下一秒就在想晚餐要吃什麼，接著想要穿什麼所以有了要打包什麼的念頭，很快地又意識到要買防曬乳了。不管我們想的是什麼，思緒總會自然而然地漫遊，所以這不是由意識主導的。我們無法主動做白日夢，但可以創造條件。這件事在二十一世紀變得越來越困難，不只是因為我們的教育沒有讓我們充分學習藝術、音樂和文學等能夠激發創造潛能的科目，社群媒體和智慧型手機甚至麻痺了我們的大腦，讓原本該漫遊的心智變得停滯。因為，儘管不斷瀏覽網頁能滿足遊走大腦的好奇心，但無止盡的捲動卻會帶來反效果——我們的思考不再像樹間跳躍的猴子，而是像流水線上的固定模式。

因此，直線性的思考會造成問題，因為自由聯想的思維有一個重要的目的。儘管白日夢被認為是懶惰的不良行為，但它是一個有目的、以價值為導向且深具創意的過程。透過白日夢，我們可以重新想起遺忘的記憶，想到那些我們不能忘記的重要事項，或是對未來的構想，並因此產生全新的想法。研究顯示，經常做白日夢的人擁有更高的智力和創造力，他們的大腦也會運作得更有效率，而無聊在這過程中扮演著關鍵角色：正因為我們的大腦排斥無聊的感覺，它會在無聊時娛樂自己，讓自己進入一種思維的狀態。所以，最好的創意往往來自於我們最無聊的時候。如果無聊感能夠活躍大腦，那麼社群媒體就是糖果，讓我們的大腦停滯不前。

當然，不是每個白日夢都是愉快的。有時它們就是在不合適的時間冒出來，像是要睡覺之前，大腦不請自來地想著待辦事件的清單。我們把這種行為稱為「侵入性思維」，盡全力也無法阻止大腦自發性地思考未來。

很可惜，企業、社會和政府不能一起做白日夢，但有一些方法可以模擬這個過程。「前瞻掃描」和「情境規畫」是兩種策略性的預測工具，能讓一群人一起以探索的方式展開對未來的漫遊，就像做白日夢一樣。探索意味著在這個過程中並不在尋找具體的答案，而是把所有看似值得注意的事物記錄下來，就像我們到遙遠的國度探險一樣。所謂的前瞻掃描，目的是搜尋視野，意思是指找任何可能吸引你注意的東西。情境規畫的做法不同，這群人像在講故事一樣，以某個起點為開端，然後像大腦在白日夢中那樣一個念頭接著一個念頭，探索可能的因果關係、相互交織的情境和無法預測的發展。一九六〇年代，情境規畫成為一種熱門的政治工具，當時的美國物理學家赫爾曼．坎恩（Herman Kahn）開始運用這種方法來思考核戰的可能發展及其後果（他也是電影《奇愛博士：我如何學會停止恐懼並愛上炸彈》中的角色靈感之一）。

雖然策略性的預測在政治圈中比以前更受歡迎，但其方法仍然未被充分運用，這遠低於其應有的效益。原因在於，多數的政府機構和企業較傾向於第二種方式：規畫。這可能是因為規畫以嚴謹和高效率著稱（不一定有根據），而政府機構的內部成員通常都以律師和經濟學家居多，都以不喜歡創意工作聞名。

未來規畫

不管是做白日夢還是規畫的方式都能啟動對未來的思考，但這兩種方法之間有一個關鍵差異：進行規畫時，我們是有意識地啟動過程，並且有一個具體的目標。當一個人有了計畫，就知道要去哪裡或達成什麼目標，然後專注在這件事情上。在製定計畫時，大腦不會跳躍性思考，而是按照儲存在大腦裡的資料來回答特定的問題，並緊扣著具體的決定或行動。計畫是一個高度目標導向的過程，要仔細考慮步驟、制定時間表並確立目標。通常計畫沒有探索、想像力或創造力的空間，所以少了趣味也不夠有冒險精神。

從大腦的掃描中也發現，做規畫時的思維比較受限，比起做白日夢的時候，大腦活動的區域更少。但因為規畫是高度目標導向，並且是有意識而不是自發性發生的，因此在認知上，計畫比做白日夢更費力。事實早就告訴我們，每個人能輕鬆花一小時想像即將到來的假期，但提到花一小時計畫旅程卻興致缺缺。

整個產業都致力滿足我們（不）願意的規畫需求，因為用筆進行規畫比在頭腦中想像更容易。此外，日程或週計畫也不是在二十世紀的超生產力年代才出現，而是自印刷術發明以來就存在了。因為某些原因，人類喜歡設立目標、寫下目標並在實現時獲得巨大的滿足感。在十九世紀中期的美國，在筆記本上寫下一日計畫甚至被看成一種美德，大家認為透過這種方式能成為更好的人。一九二七年，德國經濟心理學家古斯塔夫·格羅斯曼（Gustav Grossmann）想出了《幸福日記：如何有效規畫時間》（*Glückstagebuch oder Einführung in die methodische Zeitplanung*，暫譯），顧名思義，他相信規畫能帶來幸福。

計畫或是白日夢，哪一個好？

你可能會認為做白日夢是無稽之談，或者計畫很無趣，每個人的想法都不同。但事實上，在思考未來時，兩種方法缺一不可。單靠做白日夢無法實現度假、買房子或癌症檢查，這些都必須透過計畫才能達成；但是計畫根本不知道要努力的目標是什麼，要靠做白日夢才可以。企業或政府在進行規畫之前不會做白日夢，他們跳過未來規畫的關鍵階段，往往忽略其他可能更有趣的選擇、障礙或完全不同的目標。各類型的集體系統——政黨、政府、公司，也包括學校、醫院或公民社會組織——都必須有一套系統，可同時採用探索與規畫這兩種方式來面對未來。

相反的，只做白日夢而沒有規畫的人很少能實現他們的目標。最有名的案例就是大家都知道的新年計畫，那些有計畫（每週運動五次）的人，落實的機會將近百分之五十，沒有具體計畫（多多運動）的人，成功率只有百分之八（這些計畫常常會失敗，因為我們想要的太多，一次擁有太多目標意味著全盤皆輸）。如果說白日夢創造了未來的藍圖，那麼計畫則讓它們成真。

無論是透過白日夢還是計畫，你腦海中已經開啟未來的想像，其他的時間元素也會開始發揮作用。

2. 現在

當我們談論到未來時，第一個出現的時間就是現在。乍聽之下有點奇怪，因為未來和現在是兩個不同的時間，但它們就像兩本被連在一起的封面一樣。當下我們決定要實現或阻止哪種未來，我們在此時此刻思考著未來。當我們完成這些思考後，腦袋又回到了現在，並將這些未來的想法轉化為具體行動付諸實行。當下是我們唯一可以主動做決定、採取行動的時間，我們在這時扔盤子、翻書，身體力行、機動地與周遭世界接觸。因此，現在的一部分也屬於我們的未來，或者說：沒有現在，未未來就像在空中無重力地漂浮著，充滿變數。一個對當下沒有影響的未來，基本上是毫無意義的。

但是，現在到底是什麼？根據神經科學家和物理學家的說法，現在的時間長度從二百毫秒到二到三秒不等，就目的性來說，我們大多數人認為現在就是我們當下即刻感知到的東西。指的自然是我們的五感——**聆聽**收音機裡的歌、

聞到烤焦的吐司、**品嚐**冰淇淋、**觸摸**到溫暖的手或是**看到**彩虹——但這還不是全部。我們身體的內部也有感覺，我們感到疼痛、口渴、飢餓、疲倦。因此，與過去和未來不同，現在從根本上來說是一種感官體驗，而身體是它的載體。雖然我們的身體也會對過去和未來的想法產生反應，但這些反應遠遠不及我們當下的感受那麼強烈。當然，當下也包括了我們的想法。我們的身體感官和想法共同引發情緒反應，這些當下的情緒會延伸到未來：我們目前處在一段不愉快的關係裡決定分手，或者羨慕朋友的新房子，所以決定開始存錢，以後自己買房子。

群體的「感受」略有不同，但機制是相同的。來自當下的情感讓我們知道未來應該達成或避免什麼，例如，抗議在本質上只是表達集體的憤怒或共同的恐懼。企業也會對當下**有感**：從銷售數字就能得知產品是否熱賣，或者透過問卷的方式找出顧客接下來的需求。這些例子都和當下發生的事有關，可做為某個未來可能性的訊號。

唯一的問題是：現在發生的事可能對應到你想要的未來，但這也不是鐵律，有時候現在的情況反而會使我們的未來陷入困境。

當下優先

雖然當前的資訊能做為我們判斷未來的訊號，但也不是所有的訊號都是正確的。這是因為我們當下忙得不可開交：餵小孩、追公車和倒垃圾。這種情況在集體層面也不例外，政府忙於應對一場又一場的危機，公司則一邊調整季度報告，一邊展開宣傳活動和開發新產品。問題是，在我們庸庸碌碌的過程中往往沒有意識到，自己是否朝著想要的未來前進，結果導致我們正走在錯誤的未來道路上。

問題還不只於此，有時我們太過專注於當下，甚至忘了未來的存在。在科學上，這被稱作未來帳戶，也就是當我們只著眼於當下而忘記未來時，本質上是向未來貸款，將來必須要償還。當我們發現自己處於危機時，會傾向於向未來帳戶借款。正如我們所見，這是因為大腦無法同時在兩個時空裡運作。因此當我們應對危機時，幾乎是被困在當下，來不及也無法意識自己應該切換到未來的時空。這時我們只想著眼前，其他都不重要。在緊急情況下，例如我們騎腳踏車時要避開汽車，大腦中負責長期思考的部分會關閉，於是大腦無法提供我們任何關於未來的資訊，因為思考未來的神經連結已中斷。

不只是緊急情況會阻礙思考未來，所有改變身體感知、讓人感到舒服的事物都會影響我們，例如酒精、吸煙、毒品、糖、賭博和性。這也解釋了一旦有這些事物參與，我們往往會在當下做出不利於未來的決定。疲勞也會影響我們的未來能力。研究結果指出，學生選擇某些課程不是因為內容，而是因為上課的時間比較晚。因此，當下的睡眠需求在一定程度上決定了他們的職業前途。

還有一個問題，當下得到的未來資訊並不一定百分之百可靠，我們總是高估了當下對未來的影響力。無論是正面或是負面的感覺，我們現在感受到的都會自動投射到未來——但事實往往不是如此。一個人肚子餓的時候會點太多食物，天氣寒冷時計畫去特別炎熱的國家度假，或者擔心搭飛機會出意外，於是投保意外死亡險。戀愛中的人總是高估從分手的痛苦中走出來所需要的時間，那些夢想中樂透的人認為這會讓他們**永遠**幸福（實情是不會）。

由於我們太沉溺於當下，因此在評估未來的感受時普遍會遇到困難，在心理學中稱之為「投射偏差」。有許多原因可以解釋這種現象：我們普遍低估自己適應變化的能力（可能是因為我們根本不喜歡變化），而且基本上我們傾向於選擇熟悉的事物多於未知的，即使未知事物的潛在好處大於可能的損失。

無法脫離當下的原因

因此，「未來帳戶」的概念指的就是將現在的問題轉移到未來的自己身上。明天的我可能要面對宿醉、罹癌、欠債、肥胖或憤怒的伴侶等情況。這在某種程度上是正常的，但有些人卻特別經常使用未來帳戶，原因至今仍未知。如同之前所提到的，這種趨勢部分取決於我們感受到現在和未來的自己之間的連結強度。研究顯示，在不同的文化裡這一點或多或少會有差異。與歐洲、美國和加拿大受試者相比，中國受試者認為自己更接近未來，因此他們在當下做決定時更傾向於考量後果；其他研究也證實，韓國和日本也有相同的傾向。

年齡或基本信任等個人特質也會影響我們對現在與未來的重視程度，就像五歲以下的孩子根本無法延後當下需要的滿足感。但對環境、對未來、對政治體系的信任，也是做出這類決定的重要因素。因此，等待未來的能力並非與生俱來的特質，它也是環境塑造的結果。如果我們已經知道承諾會履行，那麼我們就會更容易延遲滿足自己的需求，反之亦然。當然，等待時間的長短也會影響等待的能力。在一項研究裡，受測者可以選擇立即獲得金額較少的錢，或者在十五至二十五年後獲得更大筆的款項；儘管金額差異很大，幾乎所有的受測者都選擇馬上取款。當未來顯得遙不可及，或者無法讓人信任它會如承諾般實現時，我們就會更偏向於現在而捨棄未來。

不只是個人如此，整個社會也普遍存在這種現象。許多政府認為氣候變遷的劇烈影響實在過於遙遠，以致於我們的認知無法理解（即使這種情況目前正在改變），因此，當下的利益長期以來總是被優先考量。唯一能打擊人們對未來信心的只有通貨膨脹：正因為我們不知道將來錢的價值還剩多少，通貨膨脹幾乎扼殺了未來。任何需要對未來有最低程度信心的經濟活動，例如投資所需的信心，都會因此受到抑制。而且因為大家預期價格上漲，買得更多也更快，此舉更加劇了通貨膨脹。當未來的不確定性變高時，我們更難以掌握趨勢，自然而然只能做出以當下為中心的決策。

不過這種情況下仍有好的一面：我們並不是注定要永遠犧牲未來成就現在。任何形式的教育都有助於培養延遲滿足感，畢竟，按常理來說，學習能帶來日後的好成績。教育讓我們理解歷史（這一點很重要，原因會在下一個段落中說明），光是提高意識就能帶來變化：在一項研究中要求吸煙者思考一下未來，之後他們真的減少甚至不抽菸了。換句話說，我們可以主動把自己從只活在當下的狀態中抽離出來，重新建立起對未來的感知與責任感。

3. 過去

過去被認為是未來的對立面，但從神經科學的角度來看，它們其實非常相似。多虧神經科學的研究，我們才知道大腦構思未來的位置與回想過去是同一個區塊。回想過去或是思考未來的運作方式幾乎一模一樣，差別只在於方向不同。因此，《愛麗絲夢遊仙境》續集中的白皇后對未來的看法是對的：「只能往後回想的記憶是一種很糟糕的記憶方式。」因為從神經科學的角度來看，記憶也可以朝向未來運作。

並非我們所記得的每件事都會對未來有用，尤其是所謂的「情節記憶」。在這類記憶中，我們以故事的形式儲存經歷過的事，包括影像、感覺、角色和總體敘事發展，就像連續劇的其中一集，因此稱為「情節式」。以這種方式喚起的每段回憶（加那利群島的假期、艱難的面試或婚禮當天）都會像電影一樣出現在腦海中。同樣的路徑也可以反過來運作：下一次度假或是生日派對像電影一樣浮現在眼前，這被稱為「情節預見」。

情節記憶和情節預見直接相關：記憶的數量越多，我們能預見的情節也越多。所以小孩、青少年或失憶症病患難以想像未來，因為他們沒有記憶或是記憶容量仍然不足。換句話說，沒有過去也不會有未來。諷刺的是，這也意味著想像未來的能力並不取決於我們還有多少時間，而是我們累積了多少回憶。因此，年長的人客觀上比年輕人更擅長想像未來。

我們的記憶資料庫中不只有自己的經驗，也包括他人的經驗。這些資訊可能來自我們親自認識的人、朋友的朋友、名人甚至是媒體、電視、電影或書籍。所有的故事都是俗稱的第二手記憶，不僅擴充了我們的資料根基，對思考未來的能力也有另一個效用：增強同理心。因此，能夠將心比心、設身處地思考他人感受的人不僅能想像自己的未來，還能想像他人對未來的反應，或他們如何看待自己的未來（更別說，聽故事本身就讓人感覺很好：當我們聽到故事時，身體會釋放催產素，也就是社會連結的荷爾蒙）。說穿了，越有同理心、越喜歡聽故事的人，就越有未來。因為一個故事是否發生在我們身上，其實對建構未來來說差異不大。別人的故事可以激勵我們，也可以打擊我們的信心。湯姆．克魯斯主演的《捍衛戰士》上映後，一九八六年的美國海軍申請人數增加了五倍，因為許多觀眾希望自己能擁有這樣的未來。相反的，在一級方程式車神舒馬克發生滑雪意外之後，滑雪時戴安全帽的人從原先的百分之二十五提高到百分之八十三——大家不願意同樣的事發生在自己身上。

不僅個人有情節記憶，群體或集體也有，可能一個城市、一個民族、一個國家或一個公司，這種共同的情節記憶就是我們所謂的「歷史」。如今，很多人認為歷史是老掉牙，但做為一門學科，歷史卻是人類學習速度大幅提升的重要關鍵之一。當然，自古以來人們就會彼此分享故事，主要目的是相互學習，這就是歷史書寫。然而有條理且客觀地研究歷史，也就是所謂的歷史學大約從十九世紀才起步。與此同時，義務教育的推動讓越來越多人能夠閱讀和書寫，一個時代的集體資料以驚人速度成長。現在，我們每個人都能汲取前人留下來的經驗。

因此歷史不只是過時的故事，它是前人累積下來的經驗，能做為未來的借鏡，越能意識到歷史的珍貴性，越能思考未來。

過往記憶對未來的影響

現在，我們要如何運用這座充滿回憶的情節資料庫呢？基本上，我們所有的知識都是用來建立「如果……會怎樣」的假設情節：如果某個事件發生，接著就會有某個結果。它讓我們做決定時更快速、更省力，因為我們不需要為每個單獨的決策考慮好幾個後果，也讓未來變得更容易預測。我們每個人都內建了一個預測模組，不斷在幫我們模擬未來：如果我下午四點出發，並預留火車誤點十五分鐘的時間，那麼我可以安排五點的約會。

然而，過去對未來的價值也是有限的。它主要是做為一個經過驗證且可靠的資料庫，而不是裝載新的和未知的資料。因此大家每天走同樣的路去上班，重複去熟悉的度假地點，一直投票給同一個政黨以及買同一個牌子的商品，因為重複性的行為能降低一些未來的不確定性。但是，過去的經驗不僅讓我們重複固定的行為，同時也教我們躲避風險，例如再也不喝龍舌蘭酒或者不要和檢察官約會。

和一般人一樣，政治人物也採取同樣的做法：每回遇上政治危機，他們都會用歷史事件類比當前的情況，並合法化立刻需要採取的措施。舉例來說，一九三〇年代的歐洲國家元首和政府首腦誓言不會再像一九一四年那樣讓世界步入戰爭，因此他們在一九三八年簽訂了《慕尼黑協定》，儘管協定的初衷是為了避免衝突，但今天看來，反而是為第二次世界大戰鋪路。為了防止舊事重演，英國、以色列和法國在一九五六年納塞爾總統將蘇伊士運河收歸國有後出兵埃及。對美國總統艾森豪和他的顧問而言，攻擊蘇伊士運河類似於一九四一年的珍珠港事件，當時日本轟炸機攻擊了美國海軍基地。這份清單可以一直列下去，每場危機中都有歷史事件的類比登場。

無論我們是建立模式、應用固定觀念、發展理論或以系統性思考，其過程始終是相同的：我們利用過去的資訊，做出同樣適用於未來的措施。這種做法通常有效，但不是百分之百，這就是為什麼太多的過去經驗會搞砸未來，背後有幾個原因：

過去經驗成為絆腳石

將過去經驗應用於未來是基於類比原則，也就是看起來相似的事物也適用相似的觀念。不過，曾經不小心把鹽巴加入咖啡的人都知道，長得太像的兩樣東西會讓人分不清楚。

除此之外，我們所說的過去從來都不是全部的過去，實際上只是我們經歷的一部分。因為記憶的保存期限有限，就像被遺忘在冰箱裡的番茄一樣。即使是有用的記憶，沒有使用也會淡忘，所以資料庫裡的資料會不斷消逝。集體的記憶更是如此：絕大多數發生的事情都未被記錄，也永遠不會有人知道，原因很簡單，因為沒有人記錄或傳承這些事情，或是證據在戰爭或自然災害中損毀了。這表示我們總是仰賴不完整的樣本來建立普遍適用的規則。

結果下一個問題來了：我們不僅用了不完整的樣本，也沒有平均使用樣本的所有內容，反而主要使用輕易就能想起的過去經驗。以政治事件為例，我們尤其記得人生二十歲至三十五歲階段之間發生的事，所以也最常用這些事件做為類比，而不考慮可能更合適的選項。德國當今的世代更容易記住柏林圍牆倒塌、美國九一一事件或阿拉伯之春，而不是蘇伊士運河戰爭或德國皇帝的垮台。這就是為什麼有人說將軍總是為他們剛打過的上一場戰爭做準備，而不是思考下一場戰爭會是什麼樣子，而我們個人也習慣回顧前不久才發生過的事件。

更複雜的是，記憶並不是靜態的，也就是說，我們的記憶並不是一台能準確記錄事物的錄影機；相反的，記憶會不斷更新。好處是，這樣會改變我們對事件的看法，不斷從中學習新知並提升我們內建的預測模式。但記憶有時也會出錯，例如我們將幾個相似的記憶合併成一個，就像當兩趟旅行太相似時，在回想時就會混淆在一起。

更奇怪的是（而且至今仍無法解釋原因）我們常常記錯事情。有兩項研究證實，人們在多年後被問及一九八六年挑戰者號爆炸或九一一事件時身在何處，他們總是記不清楚。更糟的是，他們堅信自己錯誤的記憶。我們對記憶的確信程度並不能說明它客觀上是真實的，我們的大腦只是很擅長讓我們相信它自編自導的故事。

發生在個人身上的狀況，同樣也會出現在集體層面。就像我們會記錯與伴侶初次見面的情形一樣，整個社會也可能會記錯，或是整個集體可能會對歷史事實做出錯誤的解讀。這背後的動機不一定是惡意的，像是故意偽造歷史（雖然這種情況確實存在）。更準確地說，**歷史**不是事實，只是一個**故事**[2]。要如何

2 這是一句語義雙關的話，德文的「歷史」也可指「故事」。

講述這個由無數故事組成的歷史，端看當時的背景。其中一個例子是許多古代墳墓經過DNA分析才發現死去的戰士不是男性而是女性；但是，當這些墳墓被發現時（大部分是男性發現），DNA的技術尚未問世，人們也普遍認為女性不可能是戰士——至少在歐洲如此。因此，歷史是以當時的背景來理解，然而今日卻有不同的解讀方式。

就像個人記憶一樣，歷史並非不可動搖、靜止不變的事實，而是可以（而且確實會）一再被重新詮釋與理解的。歷史學者基本上都知道這點，但每當有人試圖重寫歷史時，仍然常會引起公憤。修正主義聽起來像謊言，但它其實，或者可以只是一個正常的更新過程。這並不是一件壞事，因為每段記憶的功能，無論是個人或集體的，都不是為了精確，而是為了對未來有所幫助。只要有助於我們更精準地構思未來，我們就會重寫過去，無論是個人還是集體的。

但最重要的是：過去做為資料庫，對於所有全新或前所未有的事物來說其實沒有用處。若僅依賴過去，可能會造成嚴重的錯誤，因為未來不光是過去的重演或修改版。正因為如此，我們不應該太過認真看待一小群嘗試將歷史當作大型資料庫來預測未來的歷史學家（這種做法被稱為「歷史動力學」）。

4. 開創新局

我們用來構建未來的最後一個要素也許是最重要的：創造力。因為少了它，我們會把未來視為過去的無限重複。如果有新事物發生，我們將會不停地感到極度驚訝，甚至可以說是措手不及，無論是火車誤點、政策方向改變，還是新的時尚潮流。而且，我們不僅是在沒有準備的情況下迎接不舒服的驚訝，我們還會錯過很多機會。就像曾經紅極一時，但如今三十歲以下的人大概都沒印象的出租影業霸主百視達（Blockbuster），他的老闆拒絕網飛（Netflix）的併購，因為連同我們在內沒有人預料到大家會喜歡坐在沙發上點播電影。或者，像專門生產相機底片的跨國公司柯達（Kodak），它怎麼也沒想到大家偏愛數位相機。我們不會去另一個城市求職，因為我們無法想像有別於現狀的生活樣貌；我們不去約會，因為無法想像會遇到像我們一樣熱愛文學的人；我們不想去別的地方度假，因為沒想過可能有比義大利更棒的地點（事實上的確沒有）。如果我們只仰賴熟悉且可能發生的事情，我們的人生就會像電影《今天暫時停止》（*Groundhog day*），一再重複相同的情節。

為了避免這種情況，我們需要創意，它能超越可能性並探索未來的新事物。所謂的創意是「一種能產出或利用原創不平凡想法的能力」，它涵蓋三個要素：想像力（「看到」另一種當前景象的能力）；原創性，即新穎、令人驚訝或與眾不同的東西，而且必須是為了解決問題或困惑，或向特定群眾提供想法或願景。創意並非無根的空想，而是和具體的問題有關，它既是奇妙的，又是精確的。從大腦的斷層掃描也能發現，特別有創意的人，他們的兩個大腦區域之間有更強的連結，而這兩個區域通常不會互相影響，一個負責專注力和注意力的控制，另一個負責想像力和自發性行為。這解釋了為什麼創意在人類進步中扮演著關鍵的角色：每當人們意識到一個問題，並開始進行創造性思考時，他們就會提出創新的想法來解決問題。

運用創意

不過，長久以來，我們人類本身並不具有特別的創意，正是因為我們不認為未來是可以塑造的，（「創新者」在以前被指控為異端）。但隨後，航海家發現新大陸，科學家在醫學或生物學上取得了突破，工程師發明了讓人讚嘆的機器，作家開始創作今天稱為科幻小說的作品，早期作品包括一六一七年法蘭西斯・培根（Francis Bacon）的《新亞特蘭提斯》（*New Atlantis*）以及一六一九年約翰・瓦倫丁・安德烈（Johann Valentin Andreae）的《基督城》（*Christianopolis*）。真正的轉折出現在十七世紀，當時蒸汽機的發明促進了鋼鐵加工的工業化，而今天，在人類歷史上短短的時間內，我們已經進入了數位化和機器人時代。每一項創新都會帶動另一項創新，就像牛頓所說的：「如果我能看得更遠，那是因為我站在巨人的肩膀上。」每個創意的未來思考都會促成更進一步的未來願景。

正是這樣，有的時候科幻小說彷彿有預知能力一樣。當然，科幻小說沒有這種能力，而是啟發發明家嘗試實現其中的構想。在一九六〇年代的影集《星艦迷航記》中使用的裝置，和我們今日的手機、平板或MP3播放器十分相似。就連近年才出現在我們日常用語裡的「虛擬空間」和「元宇宙」等概念，原本是出自於一九八二年出版的《整垮珂蘿米》（*Burning Chrome*）以及一九九二年的《潰雪》（*Snow Crash*）等科幻小說。虛擬實境裝置在一九九九年的電影《駭客任務》（*Matrix*）中首次亮相。此外，早在十九世紀，科幻小說之父儒勒・凡爾納（Jule Verne）就描述過潛水艇、太陽能和太空旅行，遠在它們真正被發明之前。

並非只有科幻小說才能提出充滿創意的未來建議，凡是每個有創意的人都能做到這一點：一八九九年的一套法國卡片預測了二〇〇〇年的情景，包括視訊通話、3D列印和農業及工業自動化，如今看來出奇地吻合現況。還有，一九九九年美國《婦女家庭雜誌》（*Ladies' Home Journal*）發表了一篇名為〈未來一百年可能發生的事〉的文章，預言了數位攝影、巨人、即食食品和電視的出現。

更重要的是，當偶然遇到創意時，往往會誕生出全新的東西。抗生素、阿斯匹靈的問世或是發現美洲大陸等都並非有計畫的結果，但人們隨即以創意的方式加以運用，也正是這股創造力讓未來不只是過去的重演。

如何發揮創意？

創意常被誤認為是一種天賦，有些人與生俱來，有些人則沒有。實則不然，創意更像是一塊可以被訓練的肌肉。

首先，創意思考在多數情況下依賴我們所說的**擴散性**思考，指的是我們不直接尋求問題的解決方案（這稱為**聚斂性**思考），而是盡可能多地探索各種可能的解決方式。就像做白日夢的時候，我們不會鎖定第一個答案，而是探索各種可能性。雖然我們也是依據自己過往的經驗，但我們卻會多元地變化它，舉例來說，我們會思考在某種情況下可能會有的變化，或是嘗試重新詮釋某段記憶。想要嘗試擴散性思考的人，可以拿起筆和紙，把問題的所有可能解決方案寫下來。或許一開始會感到有點奇怪，但就是這麼簡單。如果一個團體想要做擴散性思考，可以運用腦力激盪或是更進一步的問題激盪：參加會議的人不需提出解決方案，而是針對問題或專案提出疑問。情境思考也是一種創意的練習，它會啟發我們探索、建立連結、允許新的事物，並質疑未說出口的假設。此外，絕大多數的策略性預測方法都是以創意為基礎，即使是趨勢分析也離不開創意，因為只有這樣才能避免將過去經驗投射到未來。

數量也會有它的特點，因為想法越多，就越有可能出現絕佳的辦法。從大多數科幻小說的點子並未成真就可以看出來，例如先前提到一八九九年的法國卡片就包含了一些荒謬的想法，像是消防隊員長出蝙蝠的翅膀在巴黎上空盤旋飛翔，或是利用鯨魚來航海。不過，在開發新想法時很正常：不是每個商業點子都會變成一間成功的企業，畢卡索的兩萬五千個作品中也僅有少數成為世界知名的作品——但這不是重點。在思考未來時，關鍵在於創造選擇，而且越多越好。

其次是，資訊的多樣性能促進創意，許多方法都能達到這一點。任何非比尋常或出奇不意的事都有助於跳脫慣性的想法，從在艱困的環境中成長以及到另一個國家生活，一個人的經歷越特別，也會越有創意，無論是去一個陌生的國家旅行、結交新朋友、讀本新的書還是看電影。矛盾的是，如果你已經是某個領域的專家，這一點對你來說特別重要。因為一個人對某一領域了解越多，就越難以全新的方式看待它。這也是為什麼在同樣的專門領域，專家往往無法比外行人更準確地預測未來。研究顯示，那些擁有創意思考的人能夠看到新發展，他們「不僅運用一種分析觀點，而是從多個角度看待問題，而且資料出處更是來自四面八方，而不是單一來源」。在這方面，Youtube 的演算法是我們的敵人，正是因為他們不斷推薦一些我們感興趣的東西，導致我們只專注在單一的訊息。如果把創意當成一項運動，那麼我們應該要交叉訓練而不是過度訓練某個項目。

最後一點，情緒也扮演著重要的角色。我們越是壓抑自己的感覺，越沒有辦法思考未來。不過，這並不代表我們必須要像飽受折磨的藝術家一樣過度快樂或悲傷才能發揮創意，情況恰好完全相反。情感越強烈，創造力就會越低。原因在於厭惡、壓力或恐懼等強烈的情感會使專注力降低，為了激發創意，我們需要在專注力和想像力之間取得平衡。因此，能啟發創意的適當情緒應該是介於中間值，輕微的悲傷、愉快、煩惱或無聊。

還有睡眠對於培養創意也非常重要。人在睡眠時，大腦會精準的搜尋看似沒有意義的連結，就像「反向的 google 搜尋」一樣，並且利用現有的資訊，看看可以創造出什麼新的事物。所以，如果不作夢，人類永遠不會迎來重大的突破。

最後，創意會影響我們思考未來的方式。有一些人天生就喜歡不確定感，他們尋找新的想法、探索未知的可能性，當然也有人更喜歡維持現狀。至於未來是一個充滿抱負和成就的地方，亦或是一個危機四伏的環境，也就見人見智了。

第3章

正式啟動：未來的運作方式

「我穿越時空，看見另一種未來，見證即將發生衝突的可能結果。」

「你看過了多少？」

「一四〇〇〇六〇五個。」

——奇異博士，《復仇者聯盟：無限之戰》（*Avengers Infinity* War, 2018）

未來有千萬種可能，這就是未來最大的問題。很多原因可以解釋這個情況，像是有為數眾多的**未來代理人**，包括政治人物、企業、科學家，連同我們自己，甚至是大自然和宇宙，統統都能影響未來，而且每個代理人在行動時又會不斷面臨多種的可能性。換句話說，未來存在著無數的可能性，但只有其中一個會成為明天的現實。簡單來說，未來之所以這麼棘手，是因為可能會發生的事遠遠多過實際會發生的事。所謂的不確定性不外乎是不知道在眾多可能中，究竟哪一個最終會成真。

然而這並不表示我們只能被動接受可能發生的事情，相反的，有一套運作機制可以幫助我們一、善用未來的可能性，以及二、避免最糟的情況發生。這個機制共有四個階段：首先，建立一個相對確定的框架，或多或少指出未來將會發生在哪個目標方向；第二個階段，找出未來可能帶來風險或負面影響的部分，也就是辨識危險的那一面，在危險發生之前必須盡可能防範；第三個階段，我們開始明確定義期待的未來願景以及如何實現；最後，學習如何面對突如其來的意外，因為未來可能不會像我們所預料的那般樂觀或悲觀，往往會出人意料。

1. 信心的基礎：掌握知識

許多人認為未來完全無法預測，事實正好相反。尤其是在二十一世紀的今天，我們對未來的許多事情比以往任何時候都更有把握，這種確定感成為通往未來目標的雛形。這是一種感覺而非事實，當然不是絕對的，比較像是一種高度的信心或信念，認為某件事情在某個時間點可能或不可能發生，不過每個未來的想法都是以此為基礎。

這種對未來的信心其實是由兩個要素組成的：頻率（知道事情**何時**發生）和原因（**為什麼**會發生）。這兩種知識是人類在過去幾百年裡不斷累積與擴展出來的，因此，我們現在對許多事情都比前人更加確定。

確定感的層級

我們可以用兩個軸線的架構圖來想像（不）確定感，x軸是頻率，y軸代表原因。曲線頂端內的一切都是高度不確定，曲線頂端以外的地方都屬於高度確定。而我們面對未來的第一個步驟是將我們所知道的，或我們認為自己知道的，關於事情發生的時間和原因，放進這個架構中分類，並區分哪些資訊是高確定性，哪些是低確定性。

時間點？資訊越多越好

長久以來，人類只有一種方法可以確定某些事情：頻率，也就是事件發生的**次數和時間**（在當時尚未有「原因」這個概念）。蘇美人和巴比倫人（十

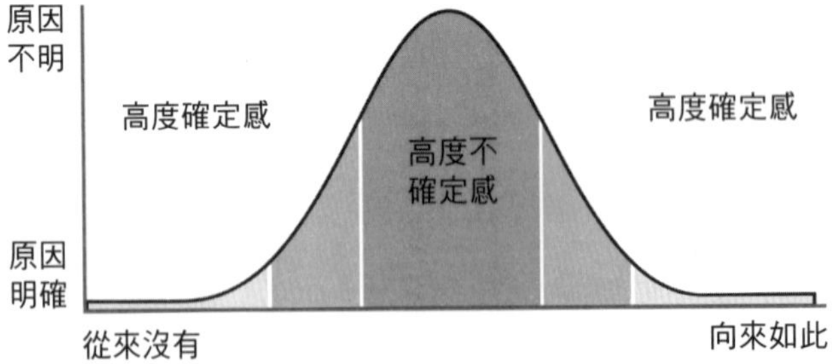

分準確地）預測幼發拉底河氾濫的時間點，卻也會根據預兆預言特定事件發生的時間，而這些預言相當不精準。他們的做法是翻查古老的紀錄，從中尋找「經常發生」到「從未發生」的事件模式。因為當時的人還不了解特定現象發生的原因，這些模式和可預測性必須完全仰賴過去的資料，這也意味能頻繁觀察到一個事件和它發生的時間，就能更有把握預測它再次發生的時間點。於是，確定性通常在兩個極端的狀況下最高，而不確定感則是集中在中間地帶。

這個原理至今仍適用。在蘇美人和巴比倫人之後，有很長一段時間，它被用來發現（或發明）預期壽命的長短。直到一六六二年，人類完全不知道自己何時會死亡，只知道總會有那麼一天。然後，一名英國的鈕扣商人約翰·葛諾特（John Graunt）整理了倫敦死亡登記簿中所有可能的詳細資料，並計算出平均值，他的著作《對死亡率表的自然與政治觀察》（*Natural and Political Observations Upon the Bills of Mortality*）成為一本帶有陰森氣息的暢銷書，因為這是第一本把壽命變成可量化數據的書。

根據葛諾特的統計，人類的壽命和年齡及性別有關：只要一個人能活過前六年，有很大的機率會活到七十六歲。他更進一步計算出每個年齡層的死亡機率，突然間，一個人的未來有了明確的年限。隨後，從一八四〇年起，由於醫學和營養的進步，全球的人均壽命顯著提高，人壽保險也迅速成為一門生意。

拜這些資料所賜，我們每個人都有一個可以清晰衡量的未來，因為隨著兒童死亡率幾乎歸零（在過去，每三個五歲以下的孩子就有一個會死亡），死亡幾乎只會發生在老年人身上。一名三十五歲的法國女性知道自己可以有百分之七十的機率活到八十二歲，非裔美國男性則預期可以活到七十九歲。這樣的確定性（甚至可以說是一種奢侈）是我們的祖先從未擁有過的。

葛諾特啟發了人們開始收集各種資料，並以此識別出模式，這股風潮也延伸到許多其他領域，包括當時看起來有些牽強的領域像是天氣預測。十九世紀時，天氣預報的準確性低到幾乎被當成迷信。當時法國巴黎天文台的負責人弗朗索瓦・阿拉果（François Arago）甚至曾說：「無論科學如何進步，值得信賴且關心自己聲譽的觀察者絕對不敢預測天氣。」然而，一名英國海軍決定一試。海軍中將羅伯特．菲茨羅伊（Robert Fitzroy）是達爾文環球航行時的船長，他不僅盡可能地收集天氣數據，甚至創造了我們今天仍在使用的術語「天氣預報」。當然，要有效地使用它們還需要更多的資料和電腦輔助，但是當今氣象預測的準確度令人驚嘆：五天內的預報準確率為百分之九十，一周內的準確率為百分之八十（這也是我們祖先所無法享有的一種奢侈）。

資料和演算法也能讓我們更確定未來即將發生的事件，雖然直到目前為止仍然沒有方法能預測地震發生的時間點，但新的資料記錄和新的電腦運算技術可能會在未來幾年內實現這個目標。或許還無法百分之百準確預測地震發生的時間及時採取預防措施，但這已經是一大進展。如今在預測性警察活動方面，這些數據已經能提前一週預測出犯罪發生的大致時間和地點，並非像電影《關鍵報告》（*Minority Report*）那樣已經能知道嫌犯是誰，而是數據顯示了犯罪行為發生的時間和熱門地點，這樣的資訊讓警方可以事先派出巡邏隊，而這樣的行動又反過來改變了未來，因為警察的出現，自然會降低原本預測的犯罪發生機率。

資料在處理時間點上只有一個問題：永遠只能反映過去，一旦有了全新的模式，資料就變得毫無作用，再也沒有亮點。

現在幾點了？世界的同步時間

事情的發生並不只是單純發生而已，在某種程度上，我們也能決定什麼時候發生，而這個行為又替我們創造出更多的可預測性。我們以兩種方式（這也不過是最近幾百年的事）來做到：設定一個大家都能遵循的時間，然後透過這個共同的時間來安排何時發生什麼事。你可能從來沒特別注意過，但我們整個社會都建構在這個機制之上。我們會提前幾個月買音樂會的門票，並且相信屆時樂團會準時登台；我們和醫生、生意夥伴或朋友約定時間並預期他們會準時出現；我們依照時間表去搭火車、飛機，在特定時間去超市和投票所，因為時間都事先安排好了。事實上，我們每天的生活都在依賴別人兌現他們對未來的承諾，而且往往都沒有覺察到這一點。如果沒有這個共同的時間表，我們自己的未來也會偏離計畫，和他人起衝突，整個社會也會變成一團混亂。但是，當人們利用共同的時間來預告未來的行為，並且遵守承諾，就會帶來安全感。商店、電影院、餐廳、診所、學校、大學、航空公司、短程交通、食品製造商甚至民主國家，都會提前告訴我們某件事情將會在某個時間發生，而在大多數情況下也真的發生了。當時間承諾被打破時，就會凸顯出我們對於共同時間做為可預測性手段的依賴程度。比如火車誤點時我們會感到不滿，因為一個未來承諾被違背了，我們只好重新規畫自己的未來行程。

當然，這個共同的時間表是基於兩個重要的前提：首先大家都確實遵守時間表，其次是大家所遵守的時間必須是完全相同的。

前者會受到文化的影響：「遲到」在德國可能意味者十分鐘，在埃及則是一小時。我們越是遵守約定的時間（所謂的時間紀律），就越像是所謂的單一時間型的人，也就是只被一個時間所限制；同樣的，如果在這方面越靈活，也就是越不那麼「字面」地理解時間，我們就越像所謂的多重時間型的人。所有人一開始都是多時性，就像孩子沒有時間的概念，學校和社會灌輸我們準時的觀念。至於為什麼不同文化看待時間的方式不一樣，這一點尚未釐清，但是宗教、經濟制度、社會關係，甚至天氣都被認為是造成這種現象的原因。

另一個前提是大家的時間都是一樣的，雖然今天情況如此，但以往的時間系統可不是這樣。至到十九世紀末，時間是透過太陽來調節，因此每個地方都不同：太陽高掛正空中的時候是中午，實際上當柏林的時間是十二點時，慕尼黑是十二點七分，維也納是十二點十二分。這個時間差在當時並不會構成問題，因為你不可能很快到達另一個城市，甚至不會注意到微小的時差，而且當時還沒有電話，所以你不會錯過任何約定好的通話。然而鐵路跟電報的問世改變了這一點，突然間，無論是人還是資訊都能很快就抵達其他地方。問題不在於大家必須調整時鐘（因為一直到一九二〇年手錶才開始普及），關鍵在鐵路。

因為在像美國這樣的大國，火車需要穿越不同的時區，每家鐵路公司都有自己的時區，於是導致一共有五十七個時區（現在有四個），同一車站的火車在不同的時區內，發車時間自然不同。有一天，一位名叫桑福德・弗萊明（Sandford Fleming）的愛爾蘭鐵路工程師因這種混亂而錯過了一班火車，因此想出了一個解決方案：他建議將世界畫分為二十四個時區，每個時區寬度為一小時或十五度經度。從那時起，整個時區都是中午，無論太陽在什麼位置。一八八四年，在華盛頓舉行的國際子午線會議採納了這個想法，如今所有國家都接受了「協調後的世界時間」，使我們能夠在全球範圍內協調航班和線上會議。

不過，同步的時間表只是個開端，還少了共同的日期。通用於大部分國家的公曆始於一五八二年（衣索比亞、尼泊爾、伊朗和阿富汗除外），但也是到近代才確立的。它導致各國之間的日期出現了巨大落差，如果在柏林已經是三月一日，雅典卻還是二月十六日。

公曆的引入

法國	一五八二年
德國	天主教區一五八三年起 新教區自一六一〇年起
瑞士	天主教區一五八三年起 新教區一七〇〇年起
奧地利	一五八三年
英國	一七五二年
美國	一七五二年
俄羅斯	一九一八年
希臘	一九二三年
土耳其	一九二七年
中國	一九二九年
沙烏地阿拉伯	二〇一六年

這個日曆之所以通用於國際，主要是因為它將季節與月分綁定，這樣在未來的三千三百二十三年裡無須調整（簡單來說，問題在於時間的測量取決於太陽、月亮和星星，因此會不斷改變，也才有了閏年）。這個共同的時間運作起來並非萬無一失，因為大家無法一直遵循這個機制，但只要遵循的人越多，它所帶來的安全感也就越大。

為什麼？預測時間的可靠性

從十七世紀開始，人類在確立了時間點的同時，還發現了第二種可以更確定未來的方法：因果關係，即在較長時間內因與果的原則，也就是所謂的了解某些事件發生的條件。特別是當有意外出現且難以大量觀察時，這個方法就能奏效。一旦釐清了原因，我們就能事先準備甚至避開危險。

科學研究在這方面成為我們最重要的盟友。自十七世紀科學革命以來，一連串的發現使得世界變得越來越可以預測。我們不再相信臭味會導致疾病、懷孕是原始人在女人子宮裡等待上帝的旨意、放血可以去除某人血液中的毒素。當然仍有無數的未解之謎，但許多已證實的因果關係讓我們更容易預測我們的世界以及未來。

因果關係也會出現在我們自己身上，像是當我們確定什麼行為會產生什麼作用時，而且多半和法律有關。法律修文越明確清晰，大家就會對未來感到更踏實。當然法律已行之有年，但正是標準化和編纂才使它變得具體。最早在一七五六年，德國的《巴伐利亞民法典》，然後有一八〇四年法國的《拿破崙法典》，後者啟發了世界上許多國家採用類似的制度。法律不僅告訴我們擁有哪些權利，也讓我們清楚知道，某些行為在未來會有什麼後果。

當然光有法律條文還不夠。人們越是相信法律會實際執行，就會更相信自己活在一個可預測的體系裡。這也是為什麼法治通常不僅是依據法律文本來衡量，還要加上人們對於執法者，像是法官、警察、辯護律師和檢察官的信任程度。

總而言之：頻率、共同時間和明確因果關係三者的組合是我們安定感的重要來源，但他們不是未來，而是創造出可能性的外在框架。

2. 與危險共存

夢工廠動畫《古魯家族》描述一個原始人家庭為了隔絕一切未知的危險，從未離開過洞穴。電影裡的爸爸總是教導孩子，新奇和創新事物基本上都充滿了危險，他一再重複：「你們千萬要懂得害怕。」恐懼自然有它的重要性，因為它保護我們免於陷入險境，少了這層保護，我們大概無法長久生存。一位天生杏仁核受損的美國女性大腦感受不到恐懼，在這種情況下生活對她來說一點都不好：她差點被強暴、遭遇過槍和刀的威脅，有一次還差點被殺。恐懼讓我們懂得預警，看見潛在的威脅和後果，讓我們採取行動來避開威脅，恐懼感在這方面能發揮作用。

不過，不是所有的恐懼感都合理，也不是所有的危險都能避開。因此，與危險共存的唯一建設性方法就是積極做危險管理，方法就是辨識危險、了解其規模、可能的影響以及發生的機率，並且制定因應的措施。如果可以，我們還可以跟其他人分享資訊，以降低危險的影響範圍。

危險的類型

對我們大多數人而言，危險是一個統稱，泛指任何可能衍生成大問題的事物，實際上，我們可以將危險按知識的尺度分類。二〇〇二年，時任美國國防部長的唐納德・倫斯斐（Donald Rumsfeld）總結出以下的論點：

「有些事我們已知，有些事我們知道自己知道；我們也知道有『已知的未知』事物存在，也就是說，我們知道有些事情我們不知道；但是也有『未知的未知』事物，也就是我們不知道自己並不知道的事。」雖然這個繞口的句子會讓我們捧腹大笑，但倫斯斐正是依循一個重要的道理來描述危險的等級：我們對危險的了解程度。了解得越少，就越難處理它，因此我們可以把危險分成三種不同的類型：不確定性、威脅和風險。

讓我們從不確定性說起，它位於知識尺度的最底端。認真來說，不安全感只是一種對某事無法確定知道的不舒服感受。然而，由於人類天性厭惡不安全感，渴望確定性，因此我們首先將不安全視為可能的威脅，此外，不確定性的感受也會因文化而異。

不確定性規避指數[3]

高＝對不確定性感到不舒服

國家	規避指數
希臘	112

3 Geert Hofstede, Uncertainty Avoidance Index, https://clearlycultural.com/geert-hofstede-cultural-dimensions/uncertainty-avoidance-index/

葡萄牙	104
俄羅斯	95
法國、西班牙	86
土耳其	85
義大利	75
奧地利	71
德國	65
瑞士	58
荷蘭	53
美國	46
英國	35
瑞典	29
新加坡	8

在「不確定性規避指數」中得分較高的社會，通常傾向擁有較保守的價值觀，對外國人可能帶有潛在的排斥心態，喜歡直接表達感受，對政治較冷感，偏好使用傳統的講述式教學。在這樣的社會中，人們普遍認為世界本質上充滿危險。相對的，在不確定性規避指數中得分較低的社會，傾向於對各種多樣性抱持開放態度，情感表現較為克制，對政治議題的參與熱情較高，在價值觀上更為自由，並在教育上則較注重自我反思與探究式學習。在這些社會中，世界被視為一個友善且值得信任的地方。

威脅和不確定性的差別在於，前者指具體、潛在的負面事件。也就是說，威脅是十分具體的東西：我們可以想像哪個人或哪些特定的事物可能會傷害我們。就像對不確定性的反應會因人而異一樣，我們每個人對什麼是威脅以及它的嚴重程度也會有不同的感受與解讀。舉例來說，常見的威脅像是恐怖攻擊、疾病、經濟危機或是私人生活中一段關係的結束。

有一件事要注意：點出威脅並不能表示我們知道它發生的機率、它會造成什麼樣的後果以及我們要怎麼防範。在這個階段我們還沒有克服危險，我們只是在想像它而已。因此，光是想像可能發生的事情是不夠的，我們必須思考造成傷害的規模，進一步將這些威脅轉化為有用的資訊，也就是藉由它們來推估實際的風險。

不確定性和威脅與風險之間有什麼不同呢？風險一詞源自於航海領域，可以幫助我們理解這一點。它源自於古義大利語字根 risco，意思是礁石。如果一艘船撞上礁石，可能會造成人命損失、財產損害，並且破壞基礎設施或環境，損害程度會因為船上載運的貨物與乘客以及事故的性質而有所不同。但是，就像船不一定會撞上礁石一樣，風險也不是命中注定會發生。換句話說，風險的定義是把某個危險發生的可能性與其影響程度結合起來加以評估。我們透過測量或評估風險來管理危險，並進一步決定這個風險是否應該加以控制。因此我們會說：我們願意承擔某個風險。

風險機率

當我們瞭解危險對我們造成的威脅時，就必須計算或評估它發生的機率。這麼做能幫助我們釐清事情的優先順序，那些發生機率極低的威脅，通常會比發生機率高的威脅來得不那麼重要。在文藝復興之前，我們其實並沒有一套「語言」來處理這些問題，機率計算這類的詞彙並不存在。當義大利賭徒發現了機率時，我們才開始用數字來表達某件事發生的可能性。在這裡不需要深入探討機率理論或隨機運算那些複雜的理論，我們只需要知道，這些機率的數字看起來很精確與科學，但實際上它們並不全然那麼絕對與客觀。

Google 在足球比賽時提出某隊獲勝的機率和骰子擲出數字六的機率是不同的，後者我們稱為客觀的機率，前者是主觀的。這種計算機率的方式也被稱做貝式定理，它利用數字來表達我們在某些資訊基礎上所持的信念或預測。換句話說，如果數學是一種語言，對我們多數人而言，機率是特別難懂又惱人的方言。即使我們使用同一些數字，我們對風險程度的理解也可能完全不同。一群北約組織的軍官們對某些常見機率用語的理解出現了極大的差異：對有些人來說，「幾乎確定」代表有百分之八十的發生機率，對其他人來說則有百分之九十五。這顯示數字有助於估計事件發生的可能性，但這些數字通常是感覺的指標，而不是計算出來或實際量測的結果。

此外，我們不能低估數據的問題。某些風險很好測量，因為我們擁有大量的數據，但另一些風險則無法測量。如果我們沒有掌握足夠的資料時該怎麼做呢？數學家認為，如果無法測量，這就不算是風險，而應該算是威脅。正因如此，保險公司通常拒絕承保無法評估影響或機率的事件，例如太空碎片或恐怖主義所造成的危險。

問題是，我們無法輕易計算出風險。舉例來說，因為我們的資料不足，無法預估事件發生的可能性或是可能造成傷害的規模。想想看，一個國家民主體制崩潰的風險或一段婚姻破裂的風險，兩者都沒有相關的數據，這是否意味著我們無法思考這些風險的可能性呢？提出風險、威脅和不確定性區別的美國經濟學家法蘭克．奈特（Frank Knight）對此有不同的見解：「如果你無法測量，還是要去測量。」換句話說，所謂的測量不一定是精確地使用大數據和數字，有時它只是一個關於影響與可能性反思的過程，幫助我們決定是否願意冒風險。

分散風險

一旦我們能算出風險有多高，就能採取因應的對策：第一步就是排除危險，或是採取預防措施以防止它發生。不過還有另一個方法可以執行：風險分擔。這個想法誕生在一個我們絕對想不到的地方，在倫敦的勞埃德咖啡館（Lloyd's coffee house），這裡聚集了商人和船員，他們一邊喝咖啡，一邊交換水位、船隻駛離和靠港、事故和沉船等情報。咖啡館老闆在短時間內把資訊匯整成一份勞埃德清單，其他人就利用這些資訊想出做生意的點子：根據這些資訊，他們能夠計算風險，並提出分散風險的報價，當下只要支付一筆費用就能確保將來可能的損害獲得理賠。

起初這個概念只適用於船隻的海上航行，但逐漸拓展至竊盜、酒精過量致死或女性濫交等其他領域的風險（無法查證如何評估這些風險），因此催生了保險的概念（勞埃德至今仍存在，但不是咖啡館而是保險公司）。從產品保險延伸至人壽保險也不過轉瞬之間，如前所述，現在已經有了預期壽命的數據，這意味著保險公司可以用它來預估保費基礎。一七五二年，美國科學兼政治家富蘭克林創立了美國第一家人壽保險公司：費城房屋火災保險互助會（Philadelphia Contributionship），不過這個概念一直到十九世紀才真正傳開（雖然有些長老教會的教士將人壽保險稱為「賭博」，大概是因為它似乎會招致風險）。

一百年後，來到一八八一年，當時的普魯士發明了大眾保險制度。時至今日，百分之九十的美國人和幾乎所有歐洲人都有某種形式的健康保險，而且每兩個人之中就有一個擁有人壽保險（世界其他地區的情況則不太樂觀，全球一半的人口沒有健康保險）。

保險也帶來了一些有趣的效應：由於保險降低了風險，也為未來提供了某種程度的保障。這反過來又促進了投資、經濟成長、穩定性，也包含了創新的可能性，因為大家變得願意承擔風險。不過保險也絕非萬靈丹。首先，對於那些清楚意識到風險的人來說，他們並不一定會購買保險來應對這些風險。二〇二一年發生在德國萊茵蘭法爾茲邦和北萊茵威斯法倫邦的嚴重洪災，保險理賠甚至不及損害的一半，導致國家不得不撥款三百億的經費來應對這些損失。這一點對於其他風險如網路犯罪同樣適用：我們每個人幾乎都逃不過這個風險，但保護措施卻少之又少（下一章將詳細介紹）。其次，保險無法涵蓋所有風險。對保險公司而言，風險是一門生意，非慈善事業，因此不會承保無法估計或太昂貴的風險（雖然只要價格夠高，即使是太空船或衛星墜毀這類風險都可以投保）。

這意味著我們無法替前所未見或是罕見的事件投保，因為根本沒有足夠數據來衡量。戰爭就是一個例子，大多數保險公司自十九世紀以來就不再承保戰爭相關的事件。

結果衍生出一個問題，因為風險的本質正在改變，它已從個人問題演變為集體問題，從我們所面對的問題演變為我們自己造成的問題。十九世紀期間，多數的人死於外來因素，像是肺結核、傷寒、白喉等傳染疾病；現在百分之八十六的歐洲人（大多）死於由生活方式引起的疾病，例如癌症、心臟衰竭或糖尿病。儘管我們從根本上提高了天氣預測的準確性，但我們的西式生活方式也增加了乾旱、洪水和森林大火的風險。同樣的，我們開發了無數技術讓生活更輕鬆、更安全，但有些技術卻造成反效果，像是威脅人類的強力炸彈核電。我們之中甚至有些人以尋求冒險為樂，自一九七〇年代以來，跳傘或是高空彈跳等極限運動越來越熱門。我們形成了德國社會學家貝克所說的「風險社會」：一個繞著風險製造和再分配打轉的社會。自此之後，保險在國內生產毛額中的占比大幅上升，這是巧合嗎？

3. 想像最美好的一面

現代人認為自己過好生活是理所當然的事，甚至是每個人的權利，就像 Instagram 的標籤 #livingmybestlife 所承諾的那樣。許多課程和心靈書籍都會教導大家要制定及實踐夢想，把夢想貼在願景黑板上並透過冥想來設立目標。這種想法沒有什麼不對：如果對於需要改變什麼沒有一點想像，那麼什麼也不會改變，而這正是許多人難以做到的地方。一方面因為人類不喜歡改變（即使變得更好也一樣），另一方面因為許多人認為自己沒有新奇的創意。

這兩者都阻礙我們迎向更美好的未來，在十六世紀之前整個人類的情況都是如此。在那之前，人們甚至沒有想過這個世界上會有另一種可能，甚至會變得更好，認為所有事情或多或少都是固定不變的。君主制統治了幾個世紀，生活條件改變的速度和今日相比極為緩慢。多半的人一輩子做同樣的工作、在同一個城市生活、和同一個對象交往，沒有人能一夜致富，更沒有人會因為一時興起而去別的國家旅遊。人的一生就在同一個地方開始和結束。未來並不是一種貨幣，那裡沒有什麼可以贏得的東西，它並不比當下更好。各種宗教派別都不是往前看，而是往後看：天堂存在過去，因此我們的任務就是回到那裡。從這個意義上來說，我們的美好未來就是死亡。這也是為什麼這個時間裡誕生了像巴黎聖母院這樣的長期建築計畫，需要花費一百八十二年才能興建完成：不是因為我們的前人對未來有長遠的願景，而是他們根本就沒有想法。未來和過去沒有什麼兩樣，什麼時候完工都沒有差別。德國哲學家萊布尼茲（Gottfried Wilhelm Leibniz）也抱持相同的想法，他認為當時已經是「所有可能世界中最好的」，反正也不會變得更好。他的同行，蘇格蘭哲學家休謨也說過，「古今中外的人都是一樣的，歷史說的都是老調重談」。在那時歷史並不存在，因此也就沒有未來。

但接著發生了革命性的事：一個更美好未來的想法誕生了。第一個提出這個想法的是英國哲學兼政治及法學家湯馬斯．摩爾（Thomas More）。一五一六年他撰寫了《烏托邦》（*Utopia*）一書，描繪了一個虛構島嶼上的完美生活。這本書是第一本科幻小說，因為它是第一本描述了一個不同於當時存在世界的作品。我們現在引用烏托邦來形容一個理想世界，概念就是源自於這本書。對於一個崇尚君主制度國家的臣民來說（他的老闆是擁有六個妻子的亨利八世），這種思想實驗根本是不可思議。畢竟，相較於其他政體，君主制比其他政治體系更強烈地依賴君權神授、堅不可摧的觀念。幾年之後，摩爾因為缺席亨利八世的第二次婚禮而被斬首，但他的書籍被保存下來，並開創了重要的先例：如果我們能想像事情會有所不同，我們也能想像事情會變得更好，因此，更美好的未來指日可待，這個道理仍適用在現今的社會。雖然這個想法還需要一點時間才開始普及，但是其中的精神已傳遞開來。

與眾不同的概念

德國哲學家恩斯特．布洛赫（Ernst Bloch）在《希望的原則》（*Das Prinzip Hoffnung*）中曾說，想像一個和現狀不同的生活和未來並不是理所當然的事。人類喜歡規律且例行的思考，在我們周遭的許多事物往往是一成不變。日常之所以被稱為日常，因為一切都高度相似。一年有四季，一年有十二個月，我們喜歡去相同的地方度假，買一樣的東西，或找相同的披薩外送服務。永遠做同樣的事會讓生活變得更輕鬆，因此在某種程度上，我們注定會習慣於這種連續性。

另一方面，我們的大腦也對新鮮事物很敏感：當有新事物出現時，我們的大腦會釋放多巴胺，帶給我們喜悅、滿足甚至快樂的感覺（這或許也是買新東西時會感覺特別好的原因，雖然我們買的可能還是那個最愛的品牌）。

人一旦接觸到新事物就會模仿。當我們的生活單調無趣時，有時只需要有人示範，讓我們知道事情其實可以有不同的做法。就像英國神經學家羅傑・班尼斯特（Roger Bannister）在一九五四年不到四分鐘就跑完一英里，在那之前，大家都認為沒有人可以達到這項紀錄。但是在班尼斯特成功之後，到處都有人達成這個紀錄，甚至在短短四十六天之後，紀錄就被打破了。天下無難事，只怕有心人，同樣的事也發生在十五世紀。摩爾也不是憑空寫出《烏托邦》：在他之前已經有其他前輩開啟先例，而且多半出於機緣巧合和好奇心，不是深思熟慮出來的。

第一個例子就是一四九二年無意間發現美洲的哥倫布。他原本要尋找前往印度的航線，卻意外地發現了美洲。當時歐洲人稱之為發現「新大陸」，這項發現也讓使得新事物的概念流行起來。不只是因為它打破了人們已經既有的一切想法，還帶來了一個附加效應：人們開始發現其他可能更好的社會制度。特別是印加人給這些探險家留下深刻的印象，探險家萊吉扎莫（Mancio Sierra de Leguízamo）在給西班牙國王菲利普二世的信中寫道：「我們發現這些國度的秩序良好，沒有小偷，沒有墮落的男人，沒有不守婦道、放蕩的女人，他們也並非沒有道德的民族，而是安分守己、誠實勤勞的人民。」

發現美洲只不過是探索新事物的開端。隨後不久，波蘭神父哥白尼徹底改變了我們看世界的方式，以及我們在其中的位置：他主張地球是一個行星，像其他行星一樣繞著太陽轉。這種說法在今天已經是常識，但對於當時的歐洲來說卻是顛覆性的全新觀念，因為關於這方面的古代知識早已被遺忘。當馬丁·路德和喀爾文推動宗教改革時，連天主教會也無法再固守不變。

德國哲學家布洛赫當時說，要開啟未來這個「充滿許多可能性的時空」還需要更多的事情來促成。但是，可能創造出另一種世界的想法已經萌芽。兩個半世紀之後，也就是一七七六年（當時一切發展都比現在慢一點），美洲殖民地的居民起義反抗英國的統治，也為歐洲帶來了深遠的變化：民主（重新）誕生，不久之後，（如果你認為十三年很短）法國大革命推翻了法國的君主政體。

這兩場事件把澈底改變的可能性制度化了：現在，即使是君主制度也不再永恆不墜，決定權不再只屬於上帝，而是回到了人的手中（這正是革命總是會讓政治人物恐懼的原因，因為革命提醒每個人改變是可能的）。拜這些事件所賜，從十八世紀開始，「不可能」的想法逐漸被「還沒發生」所取代。

因此，當你思考不同的未來時，首先必須做的就是對現在的狀況提出質疑，從已知或預期的想法中抽離出來，創造出各種可能性，哪怕那些可能性一開始看起來再荒謬也好。這不是一個自然會發生的過程，需要在認知上努力，因為我們必須逆向思考。各種類型的創新思維者正是開路先鋒。

先求改變，再求進步

改變並不意味著會變得更好，但卻是進步的首要條件。一旦有無限發揮的空間，就可以容納規畫所有事物的各種條件。而這當中最核心的就是願望，也就是我們對理想生活的想像。這也是烏托邦和宗教裡的天堂最大的不同之處：天堂是死後由上帝安排的，但在烏托邦裡可以填滿一切我們想要的東西。當然，我們的願望會隨著時間改變，因此烏托邦不是終點。這是一個進步的發展過程，一旦我們進步到某個階段，又會有更好的來取代它，就像英國作家王爾德說的：「靠著進步才能實現烏托邦。」這就是為什麼古老的烏托邦常常包含一些我們今天看來莫名其妙的想法——不是因為它們已經實現，就是因為它們不再符合我們的期待。好比十七世紀起，登陸月球是烏托邦常見的想像之一，但是從一九六九年開始，大家開始夢想登上其他星球（當初把烏托邦設在月球也是一種策略，這樣就不會直接挑戰地球上的政府，畢竟那是一個很遠的地方）。

但是直到一七七六年的美國革命爆發，烏托邦的概念才不再遙不可及。美國《獨立宣言》是第一份正式文件，明文將追求幸福和對更好未來的嚮往定義為人們在此時此地就擁有的權利。因此，法國作家路易斯・塞巴斯蒂安・梅西耶（Louis-Sébastien Mercier）的小說《二四四〇年》（暫譯）會在當時出版並非偶然。它是第一本將烏托邦設定在真實國家法國的小說。主角在骯髒貧窮的巴黎沉沉睡去，醒來後已經過了六百七十年，他發現凡爾賽宮已成廢墟，法國擁有議會制度、社會福利體系，開明的知識分子領導整座城市。

烏托邦常常被嘲笑為不切實際，特別是當情況很糟的時刻，正是在危機時期，烏托邦才特別重要。事實上應該反過來說：危機正是催生烏托邦的養分。今日的人類平均壽命更長、更健康也活得更自由，那是因為之前的人已經設想過怎麼讓生活變得更好。因此，現在未來扮演著舉足輕重的角色，因為我們現在所做的選擇、我們對未來的期望與失望，都是從此時此地開始決定的。

此外，要知道自己喜歡和想要什麼，說的比做的還容易。這正是政府和公司委託調查和做市場研究的原因（但時不時會出現嚴重錯誤）。個人可以憑自己的感覺做出判斷，包括疼痛、不滿、羨慕或是讚嘆。科幻電影有時也會幫上忙，因為它充滿奇幻的點子，能做為靈感的來源，創造出了拉門、iPad 或會飛的計程車。一九二二年，法國心理學家愛彌爾・庫埃（Émile Coué）設計出一套可以欺騙大腦的方法，讓我們相信那些不在眼前的事物是可以達到的：他在著作《暗示效應》（*Self-Mastery Through Conscious Autosuggestion*）中提出了自我實現預言的想法。因此，當我們深信某件事情將會發生，它就會實現。正向思考、吸引力法則、視覺化，甚至醫學中的安慰劑效應也是按照這樣的原則。

乍聽之下很神祕，但是神經科學家卻找到了確切的科學根據。一旦有了明確的目標，大腦就會立刻鎖定這個目標，並過濾掉一切可能妨礙或阻止我們的因素。這會導致我們會花更長的時間、更努力且不斷朝向這個目標前進，從而提高了成功的機會。運動員如果常常想像自己會成功，他們的部分表現會跟著提升，例如跳高選手的表現提高百分之四十五、射擊運動員提高百分之二十三。這點同樣也解釋了為什麼樂觀者比悲觀者平均多活十五年，和收入、身體質量指數、融入社會程度和酒精消費等因素無關。因為前者相信未來會更好，他們會做出有益於未來的決策：他們少抽菸、多運動，並追蹤讓他們感到有趣的目標，即使上了年紀也一樣。

因此，要讓未來充滿正面、理想的願景，以下兩項要素是必要的：首先我們必須清楚知道自己渴望的是什麼；其次我們必須相信這些目標是可以實現的。

4. 意料之外

即便有充足的準備和豐富的想像力，未來總會包含一些我們始料未及的元素，有可能因為我們完全沒料到，不然就是與我們預期的不盡相同。無論是阿拉伯之春、金融危機、診斷結果、意外事故，還是舊愛的來電——意料之外是生活的一部分，而如何應對正是塑造未來的重要一環。

雖然意外並不一定是負面的，但我們往往都有這樣的印象。可能是開心的（中樂透）、中立的（原來史瓦濟蘭現在叫做史瓦帝尼）或是錯愕的（俄羅斯入侵烏克蘭），無論是哪一種，對我們的大腦來說都一樣，只要是無預警的事，大腦的反應都是僵住。不知如何反應的時間多半會長達〇．〇四秒，不過當然也會有例外。僵住是因為大腦遇到前所未聞和重要的資訊時會停頓一下，接下來它會開啟搜索模式，替剛才發生的事找尋出理由。然後大腦會更新或改變我們的世界觀（或是找一個維持現狀的理由）。最後大家會談論這件事：根據研究顯示，大家喜歡跟他人分享驚奇的事件，而且驚奇程度越高，被分享的機會也越高。人跟人之間交談時經常出現這種情況，像是跟朋友描述陌生人歸還自己遺失的信用卡，或是新聞報導實際上幾乎都在談意外事件並嘗試解釋它的成因。「新聞」一詞本身就暗示了人們有與他人分享新經歷的需求。或許這正是意料之外的重要功用：與他人分享，讓他們也能從學習中獲益。

有一部分的原因也是因為，無論是什麼樣的意外都是一種深刻的情緒體驗：正面的驚喜會引起巨大的喜悅，負面的則會帶來可怕的恐懼。有些人說，意外可以將各種情緒放大到百分之四百（或許不適用在史瓦濟蘭／史瓦帝尼的例子），超乎的預料越大，情緒就越強。這也是為什麼我們在辦派對時喜歡躲在沙發後面製造開心的氣氛，但我們會提前給出暗示，比如說「我必須告訴你一些不好的消息」來開場，以減輕負面驚愕的衝擊。

不管是哪一種，快樂的、平淡無奇的、驚嚇的，要處理意料之外的情況，彷彿就像在計算一道錯綜複雜的數學謎題，大腦需要全力運轉才行。而且當這份意外來得過於超乎預期時，大腦僵住的時間就會越長，反應也會越慢。政府因應 COVID-19 採取措施的速度，端看他們對此疾病的驚訝程度。那些曾經歷過類似情況的國家，對疫情的驚訝程度就要小得多，因此他們平均比其他國家早了十九天就採取對策。

在戰爭時，藉由製造意料之外讓對手僵住的戰略手法也能派上用場。就像日本偷襲珍珠港或是一九七三年埃及和敘利亞攻擊以色列，都是利用意料之外的效果。這表示在短時間內唯獨一方占有戰場優勢。當年希特勒突襲俄國時，史達林長達兩天無法行動（然而突襲的成功率並不高，不是因為突襲本身沒有奏效，而是因為突襲通常是由較弱的一方發起）。

正因為意外有好有壞，我們既喜歡它，又討厭它。讓人快樂的驚喜出現時，大腦會分泌多巴胺，傳遞喜悅和滿足感，所以我們喜歡這樣的意料之外。這也解釋了我們喜歡不確定性高的運動項目多一點，例如足球；但我們不喜歡驚訝，因為它會暴露我們的脆弱（連鎖飯店假日飯店 **Holiday Inn** 的口號「最好的驚喜是沒有驚喜」正是利用了這種感覺）。一個重大負面的意料之外甚至會引發相當大的震撼，因為我們必須以既有的方式重新思考我們的世界觀。

一般而言，是否喜歡意料之外與我們的個性也有一點關係。外向、喜歡冒險或彈性較高的人比較喜歡意外，內向和膽怯的人則比較不喜歡。無論喜歡與否，意料之外的作用都只是短暫的：樂透得主在中獎一年後的快樂指數不再那麼高，因為他們已經經歷過了第一次的多巴胺激增。面對這樣的未來的最佳方式就是學會與之共處並適應它。

意料之外的預防和界線

有三種方式可以因應出其不意的意外：預防、減少和調適，其中又以預防最受歡迎，就像我們買保險、交換情報、避開不認識的人和活動、只在喜歡的餐廳點相同的菜色。預防措施自然有其道理，但也有缺點。首先，太多的防範對我們沒有好處，反而會導致過度壓力。這其實是一種極端的無聊感，卻像壓力一樣讓人難受，並且會伴隨憂鬱、藥物濫用、賭博、攻擊性、對人際關係不滿和學業挫敗等狀況。但是當我們極力避開一切的不確定，也會讓偶然發生的機會更加渺茫，這會很可惜，因為往往正是這些偶然為我們帶來美好的事物，例如新的愛情或科學上的突破（鐵氟龍、抗生素和威而鋼都是在偶然之中發現的）。

不過，或許最糟糕的是我們從來沒有辦法避開所有的意料之外，而且過度刻意避開的副作用是惡性循環：越是控制意外發生，我們越沒有能力因應意外的到來。

較有幫助的做法是**減少**突發狀況帶來的效應，並學著處理它們。並不是要減少突發狀況，而是降低它的影響力，也就是我們能在多短的時間內反應，最好的方法是預先想到可能會發生的突發事件。這件事比你想像中要簡單，因為只有一小部分意想不到的事是預言家口中的黑天鵝（完全無法預測的事件），像是嚴重的意外或罕見疾病。

幾乎所有所謂完全無法預測的事件中，總會有人在某處預見到這一切（或其變化）。訣竅在於運用豐富的想像力，並在腦海中做簡單的選項遊戲；可能有點深奧，但卻是可能的。這裡說的不是準確的預測未來，而是至少在心裡演練一次可能的發生過程。光是想像可能的意外就會縮小它的影響範圍以及我們的反應時間。一個方法是模擬情境（實際上是做「如果……會如何？」的情境分析），已經證實這麼做可以幫助我們更理性地思考情況及其結果，並有助於做出更好的決策。另一個方法是登錄預測市場，定期對未來事件做預測，並在事後檢查自己預測的表現如何。當我們越常練習思考未來、檢視過去的假設，就越能揭露自己的成見，並提高自己處理突發事件的應變能力（預測市場指的是Good Judgment Inc.、Metaculus以及Hypermind等預測公司）。

正是成見導致我們無法降低意料之外的影響程度。為了在第一時間獲取預警的資訊，我們必須學會好好聆聽。不只是我們，政治人物也必須學會這一點。在絕大多數情況下，我們對於新事件的反應時間過長，無論是癌症診斷、大流行病或是戰爭入侵，並不是因為我們沒有得到警告，而是因為我們根本不相信警告。所以爭辯「誰預見了它會發生，以及為什麼沒有阻止它發生？」沒有意義。任何軍事情報、戰略預測報告和預警系統都無法超越人類的偏見，因為正是這些偏見鞏固了我們的世界觀。當美國前總統喬治．布希聲稱，美國中情局沒有警告他蘇聯會瓦解，當法國總統馬克宏堅稱氣候變遷無法預測，當歐盟外交與安全政策高級代表何塞普．博雷利（Josep Borrell）宣稱世界是由不可預測的事件所構成，他們都錯了。就像我們其他人一樣，他們的大腦會過濾掉不舒服的資訊，而隨著年齡增長，我們的大腦在這方面變得越來越擅長。因此，討人厭的意外和我們懂得多少知識較無關，反而與我們的偏見和大腦過濾功能更有關係。

因此面對意料之外的最好方法就是學習與它共存，並且在這過程中學習用新的應對方法。大家通常把這種方法稱為即興發揮，也就是以創新的方式處理現有的資源。然而我們必須首先接受意外無所不在，光是這一點就難如登天，因為許多人不斷抗拒這樣的現實。最後我們也不應該忘記，無論是正面還是負面的意外，本質上都是變化，而變化往往會打開通向積極新事物的大門。

第4章

安全指南和警告標語

「這只能歸咎於人類的錯誤。」

——人工智慧HAL，《二〇〇一太空漫遊》

（*2001: A Space Odyssey*, 1968）

未來的想像力是一種迷人的人類特質，但有時候它卻無法展現它本該有功能。它本該幫助我們看見不同選項、協助做出決策，卻也可能帶來反效果，讓我們綁手綁腳甚至動彈不得。這種情況常常發生在我們特別焦慮、擔憂未來的時候，以及當我們無法接受部分未來是無法預測的時候。在這樣的狀態下，我們內心往往會啟動四種心理機制中的其中一種，而這些機制都有一個共通點：可以暫時趕走不舒服的感覺，卻無法真正為我們創造未來。不僅如此，它們還會讓我們在面對各種風險和突發狀況時變得更加脆弱，甚至錯失原本可以把握的機會。

這四種機制分別是災難性思考、幻想式思維、確定感的錯覺，以及所謂的偽未來，一種看似是未來，實際上卻根本不存在的東西。

1. 災難性思考

我們人類天生擁有一套警報系統，保護我們免於未來的危險，那就是恐懼。恐懼會展望未來，讓我們能夠預先察覺潛在威脅及其後果，並促使我們採取行動加以避免。少了這個警示系統，我們大概無法活得長久。不過這個警示系統有一個致命缺陷，當它過度反應時就會失靈，也就是恐懼一旦過了頭，就會變成災難性思考。雖然災難性思考和思考最壞的情況聽起來很相似，但兩者並不同。後者是模擬最不利的各種條件，並以其做為思考具體對策的依據，因此是替未來做準備的利器和關鍵。災難性思考則是另一種思考模式，我們會高估負面事件發生的可能性，並誇大負面後果，可能會出現害怕、恐懼甚至是焦慮和偏執等情緒。恐懼和災難性思考不同，恐懼是一種較為理性的認知過程，災難性思考是一種帶有偏見、情緒性的反應。談到未來時感性固然重要，但過多的感性也會帶來反效果（請參閱「幻想式思維」的段落）。

首先，災難性思考不一定能保護我們。事實上，對一件事的恐懼程度與它實際發生的可能性並無直接關係。舉例來說，我們高估了恐怖攻擊的風險（在德國的機率是四千七百萬分之一），但我們卻常低估了心臟病或癌症的致死率（五分之一）。我們也高估了地球可能被小行星撞擊的機率（七千四百八十一萬七千四百一十四分之一）或被衛星碎片撞擊的機率（二十一兆分之一）。在健康有關的議題也常見到災難性的思考模式。年輕人自覺比年長者更容易受到 COVID-19 威脅，事實卻正好相反。就連在犯罪案件上，大家也喜歡往最糟的方向想。年長的婦女最害怕在街上被襲擊，但根據統計，大部分的受害者都是年輕男性。美國每年都有將近四分之三的民眾在調查中表示，他們相信犯罪率年年上升，事實上在過去四十年裡，各種類型的犯罪案件都明顯下降。災難性思考反映出我們有多麼脆弱，而且它並不能反映真實世界的狀況。

這也跟我們人類普遍傾向高估罕見事件的發生機率有關。媒體在這方面扮演關鍵角色，新聞報導充斥著各種罕見但負面的事件，這種趨勢在過去十年中更為明顯，光是暴力犯罪的內容就占了媒體報導的百分之十至三十。其他的像是自然災害的報導，無論是否與我們直接相關，也都挑起了閱聽者驚恐的情緒（值得一提的是，這種情況在傳統媒體與社群媒體之間其實沒有什麼差別）。

災難性思考如何影響一個人，或多或少和他的個性有關，而越是敏感、多疑和悲觀的人就越容易過分焦慮。其他像是居住地、年齡、文化背景和性別也都是影響的因素：十八歲至四十四歲之間的焦慮程度是六十歲以上的兩倍，而女性感受到的恐懼也幾乎是男性的兩倍。

在上述類別之外，還有一種情況是創傷後壓力症候群，指的是經歷過創傷事件的人會陷入情緒的漩渦無法走出來，甚至反覆經歷當時的情境。它和災難性思考不同，創傷的成因是**過去**發生的**真實**事件，不是想像出來的恐怖場景；不過，如果一個人在遭遇創傷事件之前就已經傾向災難性思考，他就更容易發展出這類心理創傷反應。

災難性思考的負面效應不僅於如此。其一就是身體感到不適：冒汗、心悸、肚子痛等等，而且長期下來，這樣的思考方式對健康也非常不利，會讓我們更容易罹患心臟病、性功能障礙、失眠和胃潰瘍。一個人如果已飽受慢性疼痛之苦，再加上容易陷入災難性思考，那麼他的疼痛感通常也會更強烈。其二是心理也會受到折磨：除了容易得到創傷後壓力症候群之外，還可能罹患強迫症、進食障礙和其他的精神疾病。帶著這種想法進入戀愛關係的人，往往會不自覺地選擇一個讓自己更焦慮的伴侶，這也就成了所謂的自證預言，我們當中有百分之二十是這樣的人。

或許最該注意的是，災難性思考會直接阻礙我們面對未來、邁出行動的可能。在前面的章節曾經提過，當我們焦慮時，大腦會啟動杏仁核，並阻礙我們進入負責解決問題、想像力、動機、學習和記憶的區域。一旦杏仁核發出警報，我們的身體就只剩下三種反應：攻擊、逃跑或動彈不得。因此，什麼都不做是常見的回應焦慮方式。害怕失敗不敢爭取心儀的職缺；擔心面試不順就直接放棄出席；害怕賠錢就不投資在有前景的基金上；害怕搭飛機或陌生的文化，便錯過造訪異國、體驗新事物的機會；然後把選票投給承諾一切照舊的候選人。

我們沒有辦法在過度焦慮的情況下冷靜思考，發揮創意想出辦法，喚起重要的回憶（滅火器的位置），或是保持客觀和正確的視角。結果是，我們失去未來的掌控權，停止思考和主導未來。災難性思考之於我們的未來，就像肉毒桿菌打在額頭上一樣，都是麻痺毒藥。（這也是為什麼必須反覆演練緊急應變計畫，直到它變成一種習慣，這樣我們就不會在大腦中的某個區域儲存這些資訊，讓杏仁核有機會去干擾它）。

災難性思考的後果還包括忽略真正的危險，因為我們深陷在想像的災難中。二〇〇一年九月十一日美國發生恐怖攻擊之後，許多美國人對搭飛機心生恐懼並轉而開車。但統計顯示，開車的風險高於搭飛機。根據估計，僅僅是因為害怕飛行而選擇開車的結果，造成了兩千三百人在車禍中喪生。另一個例子和擁有槍枝有關：許多人因為害怕其他人擁有槍枝而購買武器，不過數字告訴我們，自擁武器而自傷或致死的機率反而更高。這就有點像一個年輕童軍的故事，他在森林裡迷路了，避開救援人員躲藏了四天，因為父母告訴他不要和陌生人說話。類似案例不勝枚舉，因為只要焦慮的開關被打開了就很難停下來。

有些政治人物會利用我們傾向悲觀的心態，他們擅長將我們對陌生人、罪犯和喪失身分的恐懼，誇大為不折不扣的災難性事件。例如美國總統川普操控社會對移民和犯罪的恐懼，但他並不是先例。極右派政黨也善於利用穆斯林人口占比做為災難的藉口，還有在戰爭時期甚至可以利用敵人的最深恐懼做為策略。俄羅斯總統普丁多次提及俄羅斯的核武器，但他的意圖不在於動用核武，而是把恐懼當作武器，造成百分之六十九的美國人和百分之八十三的俄羅斯人都擔憂核戰爆發，恐懼感不分國籍。

2. 幻想式思維

過多恐懼對未來沒有好處，但過度的希望也一樣有害。保持適度希望是對我們渴望或不渴望發生的事抱持某種想像，但希望過多就會變成幻想式思維。希望和幻想的差別在於，前者知道事情可能不會如我們所願，未來還有其他可能性存在，後者則封鎖了其他的選項，只留下自己想要的版本。希望是相對性的，留有懷疑、可能性和不確定性的空間；幻想則是絕對的，用願望來取代現實。而最糟糕的是，研究顯示，我們越想得到某樣東西，就越會高估它實現的可能性。

無論年齡、性別或文化，每個人都曾陷入這種一廂情願的想法，這是非常根深柢固的人性。幻想式思維既可以針對正面事物，也可以針對負面事物：我們肯定好事會發生，也可以對不愉快的事情視而不見。

在大腦中，幻想式思維會以三種方式出現：過濾掉矛盾的事物（樂透中獎的機率其實極低）、以自己想要的方式詮釋事物（這次沒中沒關係，下次一定會中）、直接用好像願望已經實現的心態去回應（繼續買樂透）。問題是，不管發生多少次，過程會一再重複，因為幻想式思維對學習效果幾乎是免疫的。

幻想式思維打敗理智的例子肯定數都數不清。最經典的莫過於戀愛，當我們墜入愛河時會高估一段關係的發展機會。同樣的思考模式也會在性行為中出現：男性通常會高估女性的性趣，而女性則會低估男性的。幻想式思維也常常讓訴訟升級，因為原告和被告都深信自己是對的。此外，博奕遊戲正是利用這種想法建立起整個產業，因為樂透中獎的機率是二億九千二百二十萬分之一，甚至比被閃電擊中的機率還低，但每週仍有數百萬人懷抱著中獎的希望。一廂情願的球迷更是遍布全世界，特別是充滿熱情的足球迷通常會高估自己球隊獲勝的機率，甚至下賭注。不管球隊過去的表現如何，粉絲越投入，就越相信他們一定會贏。

這種情況在政治上也屢見不鮮，英國作家喬治·歐威爾曾說：「人們只有在未來與他們自己的願望一致時，才會相信自己能預測未來」。許多研究顯示，選民多半深信自己心目中的候選人一定會當選。一九三二年美國總統大選，百分之九十三的民主黨候選人羅斯福的支持者預測他會當選，另有百分之七十三的時任總統胡佛支持者認為他才是贏家（最後由羅斯福贏得百分之五十七的選票）。這個故事不是單一案例：一項長期研究顯示，選民普遍會將自己支持政黨或候選人勝選的機率高估四倍，而且他們參與和投入越多，就越容易過分樂觀。這種現象在資訊不足的選民中尤其明顯，他們往往更依賴直覺來判斷而非客觀事實。

在金融圈裡也經常出現幻想式思維，甚至還有個名字叫「這次一定不一樣」症候群。在這方面，人們也會一再陷入一廂情願的思維中，像是高估某項資產的價值，或對某項創新技術過度樂觀。一九九〇年代的網路泡沫化以及二〇〇八年的美國房地產泡沫化都是這種思維的案例。很多人喜歡把一切歸咎於資本主義的貪婪，但一廂情願的想法可能才是罪魁禍首。伊隆・馬斯克和托爾・布耶高爾夫森（Thor Björgólfsson，他的冰島銀行 Landsbanki 在金融危機時破產）等成功投資者自己也承認這一點。當然，普通人也一樣會陷進去，例如房屋持有者通常會高估自己房產的價值約兩成。

所以，如果幻想式思維只會讓我們不斷遇到問題，那麼它的作用又是什麼呢？答案很老套：感覺良好。大家一想到自己期盼的未來已經實現，自然而然會覺得開心。當我們把幻想套用在那些既不確定又關乎重大利害的事情上時，情況就會變得棘手。越是希望期盼的未來可以成真（無論是房子高價出售、投資成功，還是這種病毒只是感冒罷了的想法），會害我們深陷在幻想式思維的陷阱裡，不願意面對如果希望落空該怎麼辦。

幻想式思維的壞處還不只一個。當一個人太過於沉浸在這種美好想像中，就會停止質疑、尋找替代方案和不再檢視自己的假設是否正確，結果就是遇上事情結果不如人意時會措手不及。這也是為什麼幻想式思維會造成拖延症，正因為我們以為自己比想像中更快、更有效率、更輕鬆完成某件事。這就是所謂的規畫錯誤，造成百分之九十的稿件會遲交、幾乎所有報稅都延遲、建設工程（從柏林機場到雪梨歌劇院）耗時多年才完成而且預算超標，就連科技產業也逃不掉這個宿命，只有三分之一的專案能夠如期完成。

幻想式思維也代表著，雖然我們完全知道有危險，卻還是會選擇忽略。這就是未來學家口中的灰犀牛（和我們熟知的黑天鵝是類似的概念），指的是已經被多次警告會發生的事件，大家還是視而不見。俄烏戰爭就是一個例子，在俄羅斯入侵烏克蘭前一個月，專家預估戰爭發生的機率為百分之四十，儘管有情報警告，俄羅斯已動員超過十萬名俄國士兵。許多受到龐式騙局主謀馬多夫（Bernie Madoff）詐騙的受害者也栽在這個想法上，其實早就有人被明確提醒過，但他只回答：「如果這是真的，那我就死定了。」（這個人在二〇〇八年損失了十四億美元，後來在辦公室自盡）。

幻想式思維不僅盛行於戰略和金融領域，普通人之間也是如此。雖然心臟病是頭號死因，但我們傾向低估自己罹患心臟病的風險；就連在有災難風險的地區，這種一廂情願的想法也經常讓人失去警覺。在上一個章節裡，我們已經知道多數生活在這些地區的人都沒有足夠的保險。但居住在義大利南部，世界上火山風險最高的區域（維蘇威火山、坎皮佛萊格瑞火山和伊斯基亞火山）的五百萬人恐怕就是最極端的例子之一。他們不只沒有保險，連相應的撤離計畫都沒有。很難說這些居民和他們選出來的政治家，會不會比二〇一一年遭受海嘯侵襲的日本福島核電廠的規畫者更容易受到一廂情願的想法所影響。還有一個更悲慘的例子就是氣候變遷。當然，幻想式思維並不是人們長久以來忽略工業活動後果的唯一原因，但它卻助長了我們否認氣候變遷的問題，並且選擇相信證據是錯誤的。

然而現實往往會讓我們低頭，讓我們意識到原本以為的樂觀不切實際，那不過是情感上的假象。我們親眼目睹自己喜歡的足球隊或選擇的政黨落敗，正因為幻想式思維是感性的，所以我們的反應也是感性的，例如憤怒或悲傷。更糟糕的是，當我們抱著這種心態鋌而走險，最後失去了什麼，可能會跌落深淵並大受打擊，因此要花很長一段時間才能回過神來，這有時反而會製造出更多麻煩。

對抗這種心態最重要的方法是知道它的存在，並了解它特別喜歡在我們情感投入最深的地方現身。基本上，它就是一種偽裝成事實的感覺，因此不斷檢驗並質疑自己認定的事實是不二法門。莫非定律也是平衡想法的力量，它說明事情都有出錯的可能。因此在規畫時考慮到這一點並研擬替代方案絕非壞事。

歐威爾相信，人並非注定只能在黑暗中吹口哨自我安慰，「人是有可能變得更客觀的……但這需要道德上的努力。你無法逃避自己的主觀情感，但至少可以知道它們是什麼，並認清它們。」

3. 確定感的錯覺

我們時不時會取笑那些錯估未來的人，從研究未來的學者馬蒂亞斯・霍克斯（Matthias Horx）在二〇〇五年聲稱「五、六年以後臉書就乏人問津了」，再到微軟執行長史蒂夫・巴爾默（Steve Ballmer）表示 iPhone「沒有機會」取得「可觀的市占率」，我們會發現，深信不疑的事到最後全盤推翻的情況層出不窮。但我們每個人都逃不過這個錯誤背後的危險機制：對自己的信念和看法有絕對的信心，它給我們帶來了錯覺，讓我們覺得自己已經知道接下來會發生什麼。這個機制與幻想式思維有關，但功能略有不同（之後會再詳加說明）。

這種篤定的感覺有個問題：沒有人知道會發生什麼事。我們可以猜測、憑直覺、有理由相信某件事情有可能發生，但絕對的確信是不存在的。就跟幻想式思維一樣，這種確定感被當成事實，但它不過是一種感覺，因為有希望和安全感讓它變得美好，但卻是無法證明和沒有事實根據的感受。原因在於，它並非理性、反思過後的結果，而是自動過濾可能與它相矛盾資訊的結果。同樣的，當你投入情感在某些事情上，就越容易陷入其中。矛盾的是：一個人越篤定某件事的發展，出錯的機率反而更高。確信的態度不必然是樂觀或悲觀，而是表現出一種不容質疑的態度。

當然，一點點的確信無傷大雅，像是相信會在餐廳旁邊找到停車位或是某個政黨勝選，但是這種感覺一旦過了頭，人會陷入宿命論的想法、變得懶惰、對其他選擇視而不見、失去寬大的心胸甚至變得暴力，無法招架危險、驚喜和變化的來襲。

為什麼我們會一而再、再而三的重蹈覆轍呢？原因有二。第一個原因：這種確定感的錯覺會讓人更容易忍受當下的不愉快。聽起來很矛盾，畢竟確定感指的是未來會發生的事，但它的作用發生在當下，尤其是當前的事物難以理解，而又沒有明確解釋的時候（這也是為什麼在我們遇到新事物時就會冒出這種感覺，例如臉書或 iPhone 剛出現的時候）。這時人們會採用一種策略，將無法解釋的或不愉快的事物，解釋成未來某個更大、更多樣存在的一部分。這不僅可以解釋現在的不愉快，甚至讓它變得有價值，因為現在它是通往美好未來必經的一個過程。此外，這種毫無根據的確定感也給了我們一種（錯誤的）安全感，尤其是當我們感到特別不安的時候。

其實我們可以藉由質疑自己、找出訊息的矛盾處、說明自己的假設，並且定義在什麼情況下會改變想法，就能輕鬆消弭這種錯誤的感覺。在預測市場上，那些特別有能力做到這一點的人會脫穎而出，他們是有天分的未來預言家，大家稱他們超級預言家。要做到這一點，其實只需要一些心智能力和放下自我、保持靈活的心態，其實並不難。

從「總是」、「從來沒有」、「所有」或「沒有人」等用語，以及缺乏「或許」或「可能」等推測和假設性詞彙，就能看出我們肯定事情發展的走向。矛盾的是，偏偏在那些特別缺乏具體數據和證據且變數極高的領域裡，這種確定感就會跑出來，比如在靈性和政治方面，或許是因為在這些領域，結果往往意味著事情的成敗。

末日的未來

相信某些事情一定會發生的錯覺經常被用在世界末日或末日災難的議題（在希臘文裡其實只是啟示的意思）。根據這個概念，人類最終會經歷一連串的災難和危機，然後我們所知的世界會結束。

幾乎世界上所有的宗教都有這個概念，不論是佛教、猶太教、基督教、伊斯蘭教和北歐古老的宗教（道教除外）。在所有宗教的末日預言中，末日之前都會出現一連串的徵兆，通常是龍或騎士，預示著最後的審判，屆時上帝會根據人們的行為來審判。末日聽來似乎是一切都結束，實際上卻是一個新的開始。在那之後，等待著我們的不是地獄就是天堂，或者一切將從頭再來。因此，末日災難不應與太陽何時燃燒殆盡（五十億年後）、氣候變遷的影響，甚至核戰可能造成的後果等科學推測混為一談。在宗教精神上，世界末日是清算時刻，是神對人類惡行的懲罰，但這和確定感有何關聯？

所有主流宗教都禁止猜測末日何時來臨，然而這並未阻止人們繼續猜測：百分之三十九的美國人——其中近一半是基督教徒（占百分之四十七）——相信，我們已經在倒數末日；在阿富汗有百分之八十三、伊拉克有百分之七十二、土耳其則有百分之六十八的人預期他們能在有生之年迎接末日；全球有百分之十四的人相信自己會如同馬雅曆法所說的，見證二〇一二年的世界末日（世界末日聽起來很可怕，但意思只是「耶路撒冷以外的山上戰役」）。在這件事上，歐洲應該是例外（不過還是有百分之二十的英國人認為政府應為末日制定應變計畫）。德國的調查顯示，有百分之四十六的人認為末日是「無稽之談」，百分之三十一的人被問到這個問題時則表示「有可能」，只有百分之

十．五的人篤定末日一定會發生。

無論這些調查結果如何，總有一些激進團體堅信世界末日即將來臨。末日或許是一個奇特的未來，但它也帶來了出乎意料的效應，這些團體正是利用了這一點。沒有什麼能比這種想法更能產生凝聚力：神選中了某個團體，唯有它知道前方會發生什麼事。這也是為什麼這些團體最終會變得暴力，不僅對自己，還會對他人施暴，因為他們自認為是通曉神的未來啟示的知情者。

有關這一類團體的記錄最早可追溯至西元六十六年，但在人類歷史上他們總是不曾缺席，例如一九六〇和一九七〇年代出現在美國的人民廟堂、大衛教派、天堂之門，還有一九九〇年代日本的奧姆真理教。近期還有伊斯蘭國，不只信誓旦旦地說末日將至，甚至認為自己的出現就是一種預兆。這些團體都是利用了末日災難的說法，讓他們在現實中的處境變得可以承受，因為對他們來說，現在不再僅僅能影響令人不快的事物，還能直接左右某部分偉大遙遠的未來。他們從人們的無力感中獲得對未來的影響力。

關於世界末日的種種行動，不論大小最重要的一點是，這些團體並不比我們更了解未來。他們所知道的只是如何將當前的危機賦予更大的意義，藉由將它們嵌入一個關於人類存在的故事中，從而使它們變得可以承受。所以千禧年主義才會在歷史上的某些時刻顯得特別重要，在其他時刻卻不那麼受歡迎。每當事態變得特別糟糕或讓人不知所措時，就會有人無法抵擋虛幻的末日預言。而末日的恐懼感自然也成為一門有利可圖的生意：美國牧師在電視節目上販售生存工具包，口號是「想像世界末日將至，你卻像國王一樣吃著早餐」，保險公司也推出殭屍末日的保單。

歷史的終結：哲學的進步史觀

那些聲稱知道末日何時來臨的激進團體並非唯一以絕對的確定感看待未來的人，任何聲稱知道人類始終在不斷進步的人也屬於同一類型。他們表達的語氣或許不同，但內容事實一樣漏洞百出。相對於末日預言，這是一個嶄新的概念並和歷史學一起出現。我們在第一章曾提到，直到十七世紀元歷史誕生之前，歷史是指一連串的事實。這裡指的是人類的發展本質上並非偶然，而是會朝向更美好的方向前進，也就是一般所說的進步史觀或進步信念。

提出這個想法的是近代歷史哲學的開創者，義大利史學家詹巴蒂斯塔·維科（Giambattista Vico）。他認為人們會走過不同的歷史階段，但他不確定這個過程是循環還是螺旋上升，是否會隨著時間的推移而有所改善。其他人同意這個觀點，但相信一切都會變得更好，其中一位代表就是法國啟蒙運動代表人物尼古拉斯·德·孔多塞（Nicolas de Condorcet）。他在著作《人類精神進步史表綱要》中，預言了科學、科技、道德和社會等方面的無限發展，包括種族和性別平等以及人類之間的和平。支持這個觀點的還有一位最廣為人知的代表人物：德國哲學家黑格爾，他發展出一整套哲學學說，並主張歷史是最終會帶領人類走向自由的一個過程（但他並沒有表示這個過程是平穩還是線性發展）。

因此黑格爾是第一個認真把未來看成人類歷史核心部分的哲學家。在那之前，哲學家多半只解釋當下的事件，對未來的著墨甚少。其中一位哲學家卡爾．馬克思對此特別不滿。一八四五年他寫道：「哲學家只是詮釋這個世界⋯⋯，但重點是要改變世界。」針對這個概念他也曾寫下，「無產階級的勝利是必然」，因為資本主義制度最終會自我引爆。他的幾項觀點是正確的，他描述了生產和財富結構並概述了一些後來實際發生的情況，例如勞動機械化或資本主義的全球擴張。但是他信誓旦旦地預測階級和國家的終結，此舉引發了各界的不安。非馬克思主義的國家害怕自己逃不掉這個未來，擁護馬克思主義的國家則準備好用極端的手段和暴力來實現這個願景，畢竟，他們對未來的模樣有十足的把握。蘇聯的笑話「過去難以預測，未來勝券在握」恰到好處地點出了這一點。因此，在蘇聯或中國等共產國家，對未來的思考大多僅限於規畫未來。因為對他們而言，未來的景象早就一清二楚，特別是在史達林的統治下，任何與之背道而馳的行為都會被視為異端邪教。因此在馬克思主義的國家裡幾乎不存在策略性的遠見。這種思考在羅馬尼亞曾短暫出現過，但很快就被扼殺在萌芽階段。當時的羅馬尼亞獨裁者尼古拉・西奧塞古（Nicolae Ceauşescu）意識到未來的可能性是危險的，因為這會暗示出社會主義的替代方案。捷克共和國總統米洛什・齊曼（Miloš Zeman）在一九八九年失勢，因為他發表了一篇文章，將未來描繪成具有無限可能，而非預定的社會主義未來。

儘管法蘭西斯・福山的《歷史之終結》（一九九二年出版，請注意書中提到黑格爾的「人類的終結」）在政治上與馬克思的主張相反，他仍表明了同樣的確定感。他主張，政治體制之間的激烈對立時期已經過去，如同黑格爾所預測，從現在起，民主制度將成為各個國家追求的模式。

無論是福山、馬克思還是黑格爾，他們都不得不接受世人的批評和嘲諷，因為他們的預言並未百分之百實現。然而問題不在於他們的預言沒有應驗，而是其他兩個問題。第一，當我們想透過歷史精準地預測未來時，我們應該回顧多久以前的歷史？歷史何時開始，又是如何開始？多半的歷史敘事都聚焦在過去的五千年並且以探討西方世界為主。不久之前，大歷史才成為顯學，把人類看成是宇宙裡的整體，用宏觀的角度來詮釋歷史。以色列歷史學家哈拉瑞的《人類大歷史：從野獸到扮演上帝》就是這樣的例子，也有其他相似的著作。第二，歷史決定論阻擋我們思考其他的選項。堅信民主或是共產主義能暢行無阻地發展，這兩種情況都會導致知識上的怠惰。過度的自信讓我們忽略了戰爭仍有可能發生，過於狹隘的理解可能會讓我們無法看到其他形式的進步。每當有人對未來表現出一副斬釘截鐵的模樣時，我們的警報器就應該自動響起。

4. 偽造的未來

有仿冒的 Gucci 包包和手錶，當然也有偽造的未來：看起來像真的預測，實際上卻不是。因為這些預測工具並沒有經過科學、深思熟慮的因果關係或理性反思的過程，這意味著它們不太可能幫助我們在未來做出更好的決策，然而，這正是未來能力的功能所在。

有兩種類型的偽造未來：第一種類型將未來視為超出我們控制範圍的力量所決定的結果。這種思維源自巴比倫人，認為未來早已注定，我們無法左右，但可以在某種程度上透過觀察先前的事件和發展來預測（儘管這些事件和發展與未來實際上沒有關聯）。這類偽造的未來是最普遍的，也許是因為在十七世紀以前，人們早就習慣把未來當成無法改變的事物。

第二種偽造的未來是我們相信能透過某些毫不相干的行為影響未來，也就是我們說的迷信，相信兩個事件之間存在著因果關係，實際上並不然。就像從樓梯下方經過[4]、看見一隻黑貓走過街上、撒鹽[5]或是在演員面前說「馬克白」（Machbeth）都是不吉利的[6]。其他的例子像是數字十三、十四和十七，在許多文化中被視為不祥，多數的航空公司都不採用這幾個數字。攜帶護身符或吉祥物、說「斷脖斷腿」（Hals-und Beinbruch，意指「祝你順利」）以及在十二月三十一日午夜之前飲用扁豆湯[7]，據說都會帶來好運。這些例子都源自於歐洲或美國，但在其他文化裡也有類似的說法。八在中國是幸運數字，四則會招來不幸；在埃及，走過梯子下方可以帶來好運，對我們來說恰恰相反。

無論是哪種型式，這些偽造的未來都無法證明未來的樣貌或看到影響未來的方法，這裡指的當然是科學上的證據。就拿星座運勢來說，它或許是最著名的未來偽造形式。西元前兩千年前，巴比倫人發明了星座，最根本的想法是我們出生時的星象決定了我們的性格和人生方向。因為星座的排列方式眾多，巴比倫人把它簡化為十二個，其實是十三個，但巴比倫人認為十二聽起來更順耳。因此十一月二十九日到十二月十七日之間出生的人，理論上既不是天蠍座也不是射手座，而是蛇夫座。時至今日，世界各地幾乎都有星座運勢，足見其受歡迎程度。儘管如此，仍然沒辦法證明星座能預測未來。在研究中，占星家

4 此一迷信源自中世紀時期。當時梯子立在牆上形成三角形，象徵聖三位一體，走過這個三角形則會冒犯神聖帶來不幸。

5 鹽象徵純潔和神聖，撒鹽被視為招致厄運。這一迷信源自於西方文化對鹽的神祕象徵性理解。

6 源自於該劇被認為是被詛咒的，為了避免不幸，劇場人員通常會用其他稱呼代替。

7 在一些西方和東歐文化中，扁豆象徵財富和繁榮，因此喝扁豆湯成為迎接新年的傳統習俗。

無法將星座與個人性格特徵互相匹配。在其他研究中，百分之九十五的受訪者在一份隨機選取的星盤中找到自己的身影，雖然實際上這是法國連環殺手馬塞爾・佩蒂奧（Marcel Petiot）的星座。

星座運勢並不是唯一一種偽造的未來，預感或夢境的準確度也不高。一九六六年，時尚教母安娜・溫圖的父親查爾斯・溫圖（Charles Wintour）所帶領的英國《倫敦晚報》（*Evening Standard*）做了一項名為「預知局」（The Premonitions Bureau）的實驗。他們收集了超過七百個預感，其中只有百分之三後來成真（共計十八個）。無論是塔羅牌（最早出現於十四世紀義大利，四百年後被用來占卜）、通靈、水晶球占卜（西元前一世紀的羅馬）、看手相（西元前三百年的印度）或是茶葉占卜（或咖啡渣）等方式，都無法證明它們能可靠地預測未來。

即便如此，這些方法依舊炙手可熱。無論是否有宗教信仰，美國有百分之三十七的女性和百分之二十的男性都相信占星，在德國也有百分之四十三的女性相信占星的真實性。社會各個角落也都能看見迷信的蹤影，美國百分之六十九的女性和百分之三十九的男性坦承自己曾接觸靈媒；美國百分之十八的女性和百分之八的男性表示，住在飯店十三樓曾感到不適；在美國，「塔羅牌」和「如何解讀塔羅牌」的搜尋次數在新冠疫情期間分別增加了百分之三十一．九和百分之七十八．四。一個社會有多容易受到偽造未來的影響，取決於它是否已經將科學做為判斷因果關係的標準，如果沒有，迷信就會取代科學的地位。這也解釋了為什麼占星術是歐洲所有學生必須學習的七門藝術之一，直到十七世紀才被科學取代。

為什麼我們容易相信那些缺乏證據支持、但看似有效的工具或理論呢？這背後大致有三個原因：我們討厭自己無法理解事物的因果關係，任何隨機發生的事就像吸血鬼看到大蒜一樣，讓人坐立難安，所以大腦會不斷尋找根本不存在的模式。一旦真的找到，我們會感到安心（就像買仿冒的名牌包一樣），因為這讓不確定的世界變得更有安全感，就像百分之九十五的人在殺人凶手的星盤中找到和自己相符的地方。這個現象被稱為巴納姆效應（Barnum effect），當我們在很模糊、普遍的描述中看見自己的身影時就會產生這種錯覺（有時候你對自己的事很有信心，有時候又不那麼確定）。例如：當內容是正面的時候（聽到別人的稱讚），當我們認為它是為我們量身訂做（星座運勢就是如此，因為它是根據我們的生日推算出來的），而且提出的人被認為是權威（著名的占星家）。

第二個原因和第一個有關：當我們找到能幫助我們了解過去、現在和未來的模式時，我們會有控制感。這就是為什麼覺得自己無能為力或沒有什麼影響力的人更容易做出不切實際的未來預測，這有助於他們處理自己對未來沒有影響力或只有少數影響力的感受。就像女性更常閱讀星座運勢或算命，因為整體來說，她們感到自己不像男性一樣有力量和影響力。若撇開性別不談，渴望認同、焦慮、缺乏自信和沮喪的人更有可能訴諸於這種偽造的未來。另一個例子，百分之三十三的美國千禧世代和Z世代更傾向尋求看似能安慰他們的解決方法，因為他們面臨生存焦慮及無力感的挑戰，相較之下，六十五歲以上美國人只有百分之二十一會這麼做。

第三個原因：偽造的未來預測讓我們快樂，道理在於它帶給我們安全感和控制感。研究顯示，閱讀充滿希望的星座運勢可以提高對事件的正面解讀、認知和創造力——但這只會發生在那些覺得自己原本沒有控制感的人身上。當我們感到絕望時，偽造的未來也能給予希望。一八五四年，當時靈性主義風靡一時，美國社會學家羅伯特．歐文（Robert Owen）在某次和靈媒會面之後，堅信自己和富蘭克林以及第三任總統傑弗遜的靈魂進行交流，並深信他們預言了人類的光明未來（後來他把這段經歷寫在《人類未來：透過與偉人的靈魂對話實現革命》（*The future of the Human race; or great glorious and future revolution to be effected through the agency of departed spirits of good and superior men and women*，暫譯）。歐文認為，靈性主義「為世界帶來普遍的和平，並激發人們互愛、寬容與愛的精神」。

所以，偽造的未來有什麼問題呢？就跟喝酒的道理一樣，適度是關鍵。偶爾看星座運勢或不選擇第十三排的位子都是無傷大雅的行為，反而有時候能幫助我們舒緩對未來的焦慮和茫然。

但是飲酒過量會有危險，一味的相信虛假的未來也是。如果我們依賴這些工具，而不是把未來掌握在自己的手中，只利用這些似是而非的工具，等於把責任跟機會外包，就可能會面臨嚴重的後果。舉例來說：一九六六年在日本和韓國盛傳當年生肖對女孩極為不利，導致當年的墮胎率升高；在印度，夫妻會根據占星學的配對來結婚，即便占星學的「匹配度」和離婚率之間的關係根本無從證實。

當然也有一些人利用我們對安全感的需求來牟取利益。紐約某一家占星中心每次的諮詢費高達一千元美金，並宣稱能預測股市崩盤；財經軟體「市場分析」（Market Analyst）還結合了星象和經濟數據。百分之四十的Z世代相信占星學可以幫助他們做出更好的財務決策，儘管缺乏證據，卻仍成為一個市場商機。預測生育則成了另一個新興的市場，從渴望生孩子的女性身上賺錢。雖然已是舊時的概念，但這一切猶如中世紀的贖罪券（確保自己會上天堂）。美國牧師在電視上重新復活了這種做法，向信徒收款並承諾他們會賺大錢，愛情和健康都如意。

如果你還需要一個理由來減少接觸偽造的未來：這似乎與一些不太討喜的人格特質有關，像是自戀、威權傾向或智力不足的人。

第5章

故障排除

「你必須忘記所學（……）——未來從未停止變動。」

——尤達，《星際大戰五部曲：帝國大反擊》

（*Star Wars: The Empire Strikes Back*, 1980）

有四種情況會導致未來運作故障：就像過期的起司不能食用，我們看不見未來，未來讓我們恐懼，或是我們就是不知道想從未來獲得什麼。因此我們稱之為故障，因為在這些情況下，未來無法發揮它真正的功能，也無法幫助我們在當下做出行動決策。

好消息是，這些故障通常是暫時的，通常一切會自行恢復正常，但並非總是如此。如果我們不經意一時忘了未來（因為過於享受當下），並不算是運作故障，因為偶爾不去思考未來很正常。

1. 未來的賞味期限

就跟食品會過期一樣，未來也有「保鮮期」，未來也會有不再有用、無法實現或不再值得追求的時候。雖然這一切再正常不過，但偶爾會以不同的形式發生，而且讓人感到不愉快。未來過期的第一種方式是最自然的，當願望實現了或時間結束了。在這種情況下，多數人大概都不會注意到以往對未來的想法已經消失，像是期待度假、害怕考試、登機前的焦慮、簽訂合約前或想到戀愛、結婚或生子時的興奮，這些感覺往往會隨著事件發生而消失。社會上也是如此：我們曾經擔憂臭氧層破洞、恐怖攻擊或是經濟衰退，但在實際發生之後迅速遺忘，甚至之後回想起來也覺得似乎不那麼嚴重。對於積極的未來也是如此：期待統一貨幣，新的影集或是選舉，一旦發生過，就無法再喚起當初的心情。

因為未來是有目的導向的，也就是說，它的功能在於幫助我們針對某個具體事件或一種發展來制定決策和行動。一旦達成目標，大腦就會自動清除過去的清單，這也是為什麼我們很難記得自己以往對未來的想法。許多人甚至不記得小時候想做的職業，更別提三年前計畫的搬家細節。我們只會記得少數具有深刻意義的未來，通常是一些生死攸關的時刻或是重大的決策，如選擇職業或伴侶。

某些未來會用不愉快的方式結束，那就是當我們的價值觀改變時。由於未來也是我們當下感受的結果，當價值觀變了，未來的模樣也會跟著改變。這是一種經常發生的過程，但我們多數人對自己的性格卻有著一成不變的想法。研究顯示，我們往往低估了自己在十年內會有多少變化，這就是為什麼當我們像脫掉舊衣服一樣跳脫以往對未來的認知，我們會感到驚喜連連。道理很明顯：青少年時，我們夢想一個充滿跳傘、露營假期和環遊世界的未來，但現在卻沒有一項實現（至少對我來說是這樣）；同樣的，像是結婚、生育或是職業選擇等重大決定，它們曾是未來理想的一部分，但現在已不再是了，或反之亦然，一切都會隨著時間的推移而改變。

企業和社會也同樣會遇到和我們個人一模一樣的狀況，從對未來的理想願景改變就能窺知一二。例如一九五〇年代對未來的憧憬是高度城市化和科技化，從一九八〇年代起，這在整個科幻美學的反潮流賽博龐克（Cyberpunk）中變成一種反烏托邦的概念。在電影《銀翼殺手》（*Blade Runner*）、《創：光速戰記》（Tron）和《機器戰警》（*Robocop*）中，高樓大廈林立突然不再是令人嚮往的未來。

但在其他地方卻仍然大受歡迎：沙烏地阿拉伯的超大規模建設計畫「未來之城」，規畫至二〇三〇年之前，要在沙漠裡建造一條長一百七十公里、地下相通的城市管道，這個構想和一九五〇年代的未來理想有些相似——或許是因為沙烏地阿拉伯的王儲穆罕默德・本・薩勒曼（Mohammed Bin Salman）是科幻迷（二〇一七年，沙烏地阿拉伯是第一個授予機器人國籍的國家）。不僅是建築風格，連我們和飲食與自然的關係也出現變化。一九〇〇年的一篇文章預測，到了二〇〇〇年所有人會吃速食，在當時是一個進步的想法；雖然現在吃速食的人變多了，卻沒有人認為這是進步的象徵。同一篇文章裡提到，大家幻想未來不會有蚊子和蒼蠅，結果我們現在更在乎物種的多樣性。一九六〇年代開始，人類的幸福才成為未來的藍圖，也就是在未來主義興起之後很久，所以它在早期未來構想中並沒有任何地位可言。舊有的未來願景能幫助我們看見自己不再追求的東西，另一方面也讓我們認識到過去未曾重視的東西，現在卻變得重要了。

無論我們內心如何改變，放掉舊有的未來構想一開始會讓人迷惘。因為我們的價值觀進而也影響著我們的未來，為生活提供了方向和秩序。就像在生活的動盪中，我們會抓住扶手一樣，當這個扶手發生變化時，我們自然會感受到不確定、迷失方向或不穩定。當我們發現自己不再渴望曾經夢想的未來（與伴侶白頭偕老），或是嚮往起過去感到害怕的未來（住在鄉下），在一開始都會感到困惑和不安。

這個過程是正常現象，既沒有錯誤也絕非刻意。研究顯示，人類大約每七年就會經歷所謂的危機。很多人對危機敬謝不敏，它彷彿會顯現個人的弱點，但它其實是人類生存的本質之一。那些從未經歷危機的人並不是更好的人，很可能只是擅長忽視它們而已。長久下來，等到危機真的來了，反而會覺得更痛苦。在面臨危機時，我們會審視自身的價值觀，並和外在的生活達成一致：危機就如同下載更新後的未來（所以 *krisis* 在希臘語的意思是「決定」，也就是選擇一個方向）。這個更新的過程對人們十分重要，因為根據一位安寧病房護士的觀察，一個人長期過著與自己價值觀不相符的生活，只是跟隨他人的期望過日子，是人們臨終時最常後悔的事。最著名的危機就是中年危機，但人生中的危機不僅只於這一個。

從社會層面來說，當我們揮別過往懷抱的未來願景時也會經歷危機。就像某些人會依戀著過時的未來，社會某些部分也是如此（因此才會有保守派和進步派的概念：前者希望保持現狀，後者希望開創革新）。從辯論當中的情感強度就可以看出一個社會的未來已經過時。在這些辯論中，身分認同和歷史等因素常常扮演著重要角色，人們的恐懼和希望也夾雜在其中。那些堅持在未來重現舊時觀念的人往往會回顧過去（例如一九八〇年美國總統雷根和二〇一六年川普都曾使用「讓美國再次偉大」的口號）；反觀那些想揮別過去的人，他們會提倡重新開始（德國綠黨在二〇一七年的選舉口號是「未來始於勇氣」）。

第三種未來消逝的方式是最痛苦的，也就是當我們所期待的未來變得遙不可及。在這種情況下我們的渴望依舊，但已不可能再實現，因為核心要素已經不可得。例如：我們迫切需要某份工作卻收到拒絕通知，我們被拋棄或是失去金錢。當然也有可能是一些攸關生死之事，像是原本參與我們未來的人去世了，或是我們自己生病了，都會讓我們感受到未來遙不可及。

每當未來願景中的某個重要部分不見了，我們失去的不僅是一部分，還有與之相伴的整個未來。比如想像職涯升遷、與某人一起在哥斯大黎加的海邊生活、在鄉村擁有一棟房子，當這些美好願景逐漸崩解，就像沙子從指縫間流失一樣。突然間那些未來不存在了，原本要成為職業滑雪選手或足球選手，卻發現膝蓋已經無法支撐夢想；或者更糟的是，癌症診斷讓整個人生的未來陷入不確定狀態。社會層面上的未來也可能會被奪走，經濟會崩盤，環境可能會發生變化。最可怕的是，天災或戰爭可能會摧毀各種我們曾描繪的各種未來。戰爭之所以會造成創傷，也是因為它會導致未來大規模死亡。

升級未來

無論未來會不會因為內在或外在的調整而需要改變，過程往往會混亂且不愉快，但是我們人類卻非常擅長應付。原因在於，我們必須不斷適應變化並開創新的未來，因為生活中總是充滿了不如意的意外：百分之六十一的男性和百分之五十一的女性在一生中會經歷至少一次創傷性事件，例如災難、事故或被襲擊。

我們具有告別舊未來並創造新未來的能力，並也能從其中看出我們的韌性。只有百分之八的創傷經歷目擊者和受害者會患上創傷後壓力症候群，一半以上的人在治療六個月後會康復，甚至有超過半數的癱瘓患者表示他們整體上是快樂的。人類具有韌性，尤其在獲得適當支持的情況下，幾乎每個遭遇過困難的人都會有所謂的創傷後成長，也就是說，他們在創傷後變得更堅強、更快樂。癌症患者在痊癒之後通常比沒有得過癌症的人對生活感到更滿意。不過，這個創傷復原的過程並不輕鬆。

如何更快放下過時的未來願景

第一步永遠是承認過時的未來願景已不合時宜，而且不再受到青睞。人面對改變時在第一時間會抵抗是很正常的：大家都希望前任會回心轉意，希望婚外情能自己結束，希望能發明對抗疾病的新藥，或希望氣候變遷可能只是陰謀論。但是，抵抗的時間久了，過程也會拖得更長，於是就一直卡在通往新未來的道路上停滯不前。

第二步是向過時的未來說再見。如果你對它仍有眷戀，如果你也無法左右它的存在，即使痛苦，放下它對自己仍有好處。告別那個不想再叛逆的自己，告別在巴黎生活的夢想，告別想搬進夢想中的房子的人生。無論用什麼方式哀悼：寫信、聽音樂、和朋友或治療師對話，最重要的是有那麼一刻，你承認這個未來已經不再存在。

第三步，開創一個新的未來，這個過程會比你預期的更長（此外我們也意識到，擁有未來對我們的幸福有多麼重要）。對於許多人來說，一旦收集到足夠的想法，重新構建未來的過程會自然而然地啟動。如果過程進展太緩慢，可以透過人生教練、寫日記、製作夢想板（vision boards）等方法來加速；對於國家或企業而言，則是運用策略性預見來推進。

2. 看不見的未來

看不見未來或是沒有未來，這種情況比預見一個糟糕的未來還要危險。因為，當我們自己都無法想像糟糕的未來是什麼模樣，也代表我們內在某個部分也消失了——至少是暫時的。看不見未來意味著我們停止成長、停止追求進步、停止做決定並毫無作為。我們就停在當下這一刻，但不是美好的、佛家的活在當下和專注眼前，而是痛苦、癱瘓的停滯。各種原因都會導致未來的能力消失，但不變的是我們可以重新找回這份能力。例外的情況是那些因為腦部損傷而失去記憶的病人，他們再也無法創造未來。

在個人層面上，精神疾病會使人失去創造未來的能力。就像憂鬱症通常被認為是沉重的悲傷情緒，但它其實凸顯出一個人沒有能力想像未來。基本上憂鬱症是一種信念，認為自己無法達成任何事、沒有影響力、無法實現目標。因此悲傷是看不見未來的結果，而能夠創造未來會使人快樂。

憂鬱或失去想像未來的能力並非少數人才有的特質，而是一種短暫的心理機能障礙，任何人都有可能遭遇。每三名女性中就有一人、每五名男性中就有一人至少一生中會經歷一次憂鬱症發作，老年人通常比年輕人更容易憂鬱，但也會因國家而異。例如在美國，十七歲到二十九歲年輕人的憂鬱發生率較高（百分之十七），而五十歲以上的人較低（百分之五．四）；憂鬱症持續的時間則受到諸多因素的影響，但平均會持續六個月。憂鬱症已是全球性的現象，而且貧窮更會加重憂鬱的傾向。但是東西方國家之間有一個主要差異：西方國家擁有較多治療憂鬱症的資源、收集統計數據並公開討論這個問題；不過憂鬱症的比例在各地大致相同，約占世界人口的百分之五。如果不加以治療，憂鬱症可能導致自殺。每年約有七十萬人因為憂鬱症，也就是對未來感到絕望、覺得生命無意義而自殺。

憂鬱症常被視為現代文明病，當人類遷居到城市、進入辦公室時，似乎就失去了一些重要的東西。但這種說法既是推測，也很可能是錯誤的。首先，已有證據顯示（但沒有統計數據）古希臘人已意識到這個現象（當時用泡澡來治療）。再者，雖然憂鬱人口增加，但只是絕對數字上升而非相對比例；換句話說，得憂鬱症的人口變多是因為世界人口也增加了。一份研究顯示，自一九五〇年以來，憂鬱症的平均人數維持不變，因此我們也不能說今天世界正處於「憂鬱症大流行」的狀態。

在新冠疫情肆虐期間，所有人都經歷過對未來前景的迷茫，特別是在封城的時候，當前的一切都暫停了，甚至在最初幾個月根本不知道會持續多久。日復一日，我們感受到時間緩慢流逝，直到下一個新的消息出現為止，我們也面臨著病毒帶來的不確定生存威脅。憂鬱症的人口因此上升了百分之二十五。疫情讓全球許多人的前景陷入一片茫然，就和那些處於看不見未來的人所感受到的情緒非常相似。

在瑞典，等待庇護申請結果的難民兒童必須經歷數個月甚至數年的等待，最終他們產生了放棄的心態：不吃不喝，不說話也不活動。沒有未來實際上也等於沒有生活，這也是為什麼監獄裡的憂鬱症發病率高，因為缺乏自由、行動能力受限、生活單調，直到囚犯被釋放前都看不見一絲未來的曙光。美國有幾近三分之一的囚犯有憂鬱症，是一般人的兩倍甚至三倍。歐洲並沒有專門針對監獄憂鬱症人數的統計（當然也沒有治療的方針），不過有自殺方面的數據：德國、奧地利和法國監獄裡的自殺人數遠高於其他國家。最極端的情況會出現死囚症候群：在美國被判處死刑但尚未確定行刑日期的囚犯，通常會被關押數年甚至數十年，處於無止盡等待中。許多囚犯會選擇自殺，如此一來不只擺脫了無望的未來，還能重新掌握了行動能力。

這意味著什麼？或許，暫時失去想像未來的能力，其實和我們原本就擁有這種能力一樣，是人之常情。這一點很重要：因為憂鬱症一直被污名化，甚至被誤解為不正常或性格的弱點（百分之三十・七的美國人曾在問卷中如此表示）。這也解釋了為什麼許多憂鬱症患者忌諱求醫，他們感到羞恥而且不願意尋求協助，人數比例在西方國家大約占了一半，其他國家甚至達到四分之三。實在是非常荒謬的數字，可以治療的疾病應該越早接受治療越好，才能避免病情惡化變成慢性。

治療憂鬱症的方式有很多種，但並沒有一體適用的萬能解方。這是因為我們尚未從科學角度完全瞭解憂鬱症，但相關研究不斷取得進展。藥物治療緩解了許多人的病情，但有時光是改變生活方式就能產生正面影響，連心理治療也證明有效。自十九世紀以來，心理治療已歷經重大的變革，從前的治療方式聚焦在處理過去，認為過去的不幸是導致憂鬱的原因，但新的治療方式側重於未來，認為憂鬱症與無法面對未來的能力有關。與其談論父母離異，不如思考自己想要成為什麼樣的人，並且思考積極的目標，讓腦海中的未來機器再次運轉，讓快樂荷爾蒙再次流動。不過，最重要的不是治療的方式，而是真的起身面對憂鬱症。

不只是個人會失去對未來的想像能力，整個社會或群體也可能如此，只是我們不會把這種情況稱之為憂鬱，而是用不確定的年代、多重危機或是長期危機（Permacrisis 是二〇二二英國年度代表字）。不管怎麼稱呼，症狀其實是一樣的：我們無法再創造出一個充滿希望的未來，這讓我們感到不舒服，因為我們什麼也做不了。

整體而言，有兩種情況會導致未來停滯不前：一是需要我們立即關注的危機。正因為我們無法同時身處在兩個時代，只能專注於眼前的問題而無法放眼未來。當前若是危機接踵而來，我們會突然對未來產生一股猶如「思鄉」的情懷，因為我們被迫困在當下。這也意味著我們無法對即將到來的危機採取行動：不是因為不在乎，而是根本應接不暇（有點諷刺的是，長期處在危機中反而會導致更多的危機）。

讓一個社會失去未來感的第二種情況是可能存在太多的未來。通常是因為人們無法根據事件發生的頻率，也無法藉由因果關係來判斷各種未來情境的可能性：所有的選項似乎都可行，但多到難以抉擇。特別是涉及到複雜系統的未來時，這些不過是尚未被理解的機制，因為不清楚誰在做什麼、會造成什麼後果。舉例來說：螞蟻窩、城市甚至是所有社會和人類的大腦都算是複雜系統。當前國際上的國家制度算是一種複雜系統，因為各方人士之間的關係和聯繫錯綜複雜，因此無法清楚得知相關人、事、時、地、物的運作方式，以及我們又該如何回應。在這種時候，經常會聽到大家說未來無法預測，但其實真正的意思並不是完全無法看見未來，而是未來的可能性太多，難以察覺或理解。

儘管有些人喜歡誇張地聲稱這些複雜性是前所未聞的新現象，但其實不然。事實上人類作為一個整體，會有規律地攀升越過複雜事物的挑戰，只是在一開始往往會感到茫然。

一個社會或企業會暫時失去未來方向很正常，就跟許多人在生命的某個時刻會陷入低潮一樣。西方國家在一九七〇年代就經歷過這個現象，當時接連發生重大的政治危機：一九七二年慕尼黑奧運會上，以色列運動員遭謀害；一九七三年爆發贖罪日戰爭，同年及一九七八年發生石油危機；一九七四年美國總統尼克森因水門事件辭去總統職務（美國歷史上第一次也是唯一一個自動請辭的總統）；一九七九年沙烏地阿拉伯的麥加大清真寺發生襲擊事件；一九七九至一九八一年的伊朗人質危機，還有美國通膨指數飆升至百分之十四等等。同時期出版的《不確定的年代》（*Age of Uncertainty*, 1977）和《未來的衝擊》（*Future Shock*, 1970）也因此成為暢銷書籍。在這之前還有一九三〇年的全球危機，再往前還有其他的危機。因此從歷史觀點來看，我們正處於前所未有的危機的說法並不正確，但它給了我們一種歷史獨特性，因為大家都說此時此刻的危機比以往都要嚴重許多。這樣的想法反而更加削弱了我們面對未來的能力。每當某個運作機制變得更複雜且難以理解時，人類必須學習適應，重新回到可能的空間中去探索新的選項。過去幾個世代的人類也是這般克服一次又一次的迷茫時刻，這是唯一的解方。

當政府和企業不知該何去何從時，不意外的，他們會重新開始重視戰略性前瞻的方法。一九七〇年代如此，一九九〇年代也是如此，如今也出現這樣的趨勢。具體來說，這代表政府尋找能有益於長期思考的工具，例如透過預期結構的發展來規畫多種可能的未來，瞭解哪些是可行、可取或是可避免的，這種方法又有助於做決策（某種程度上就像是以未來為導向的心理治療，但對象是國家而非個人）。

你可能會認為政府本來就應該這麼做，但實際上完全不是那麼一回事。大多數政府只假設未來只有一種可能，這也是為什麼事情一旦走向不同，他們往往會措手不及。像是芬蘭、法國、葡萄牙、西班牙、英國和美國等國家，在某種程度上已發展出以未來為導向的治理模式。至於德國仍處於起步的階段，儘管在政府體系中（外交部、總理辦公室、國防部）都設有相關的單位，但德國政府還沒有形成一種先從長遠思考再來行動的反應。

讓一個社會擺脫看不見未來的狀態不只是政府的任務，社會各界也必須積極參與。從非政府組織、學校、大學、企業到藝術家、作家和公民齊力合作，共同討論不同的未來計畫以及如何落實，將有助於重啟我們的未來思維。我們不該在第一時間把未來的不確定感視為損失，而是視為塑造和利用未來的彈性空間。一旦我們意識到自己擁有選擇的權利，就能重新揭開未來的面紗並看清未來的面貌。

3. 無望的未來

我們輕易就能辨識出沒有希望的未來：它會引起不舒服的情緒，像是恐懼和憤怒，正是這些情緒摧毀了整個未來的概念。過多的恐懼不會讓我們採取行動，反而會讓我們動彈不得，無所作為。展現在日常生活小事上就是我們常說的拖延症，也就是延遲行動或決定。有時候，我們甚至會在無意間挑起原本想要避免的不好的未來，正因為我們害怕它、試圖躲避它，反而讓它應驗，這種現象稱為自證預言。嫉妒妄想就是一個典型的例子，因為害怕失去伴侶反而迫使對方離開。醫學上把這種現象命名為「反安慰劑效應」：預期會疼痛或預期藥物無效的病患會經歷更多的疼痛，也會認定藥物無效。因此，對未來過度悲觀會對我們當下的生活有害。

當然不是所有負面的未來都會帶來嚴重的後果。例如不想和另一半充滿好奇心的父母共進午餐，大多不會對生活品質帶來重大影響，原因很簡單：a.這是短期未來，b.很有可能結果比預期的更好，c.你可以選擇不去（或許這會讓你與伴侶之間有爭執）。一個未來有多糟糕，取決於三個因素：持續時間（會發生多久）、負面程度（輕微或嚴重），以及我們對它的影響力（是否有選擇的自由）。最糟糕情況是，未來的慘況持續很久，帶來極大的衝擊，而且我們能干預的機率微乎其微。

然而我們可以主動對抗不好的未來，以免它讓我們陷入束手無策的境地，還能防止它成真。因為負面的未來會引發強烈的情緒，管理它們的第一步就是控制情緒。聽起來像是自救，其實是有神經科學的根據。因為當大腦感到過度恐懼時，杏仁核（負責掌管逃跑或回應攻擊的區域）就會接管大腦的運作。從進化的角度來看，這也許是一種有用的功能，特別是面對危急生命的情況時，但是對於思考未來卻無濟於事，因為你不能逃避也不能攻擊未來。問題在於，恐懼會阻礙大腦中那些協助我們做決策的區域，例如掌管思考、邏輯與創造力的部分。要怎麼做才能讓大腦回到正常狀態，並能有效的思考和行動呢？任何能讓大腦感到安全的活動都可以，像是擁抱、在森林裡散步、撫摸動物、運動、認知治療或泡澡，即使是聽故事也有助平衡大腦的神經和荷爾蒙。研究顯示，觀看超級英雄的電影也特別有效。選擇什麼方法其實並不重要，關鍵是能關閉大腦的警報器，否則我們根本無法好好思考未來。

當大腦回到正常狀態後，我們的思維就能夠重新運作，開始思考未來的各種選項。一旦能掌握的選項變多了，我們也會重新感受到控制感和一定程度的確定感，我們將再次具備行動的能力。

最簡單的方法就是利用筆和紙（研究顯示，我們能更有效地思考），書寫能幫助我們組織想法。第一步，寫下所有我們認定會發生的未來；第二步，記下這個想法所帶來的感受；第三步，檢視這些想法的依據、來源和準確性；第四步，搜尋能建構具體未來樣貌的圖像，不過要小心，不是去找更多會讓你恐慌的東西，應該要著重於具體、精準的資訊。透過這種方式，資訊上癮的大腦自然會獲得安全感，因為它認為更能理解未來。第五步，要處理自己對這些資訊的假設，例如問自己這些資訊的可信度有多高，如此一來，我們瞭解到思考總是基於假設，而這些假設可能是真的，也可能是假的；第六步，在哪些情況下必須重新檢視這些假設；第七步，研究有哪些正向的替代方案可以避免負面的未來；第八步，寫下你尚未掌握的資訊：哪裡是空白、你還不知道什麼？這整個過程組成了你的未來可能性，光是能夠這樣看見它就已經是一種幫助。最後一步，回到你一開始寫下的那個念頭，然後把它重新寫成一個有條件的說法：這個糟糕的未來不會發生，如果……

面對負面未來的十個正確處理步驟

1. 寫下你對於這個特定未來的想法（例如：「它會越來越糟……」）
2. 寫下你在想到這件事時的感受，把這份清單擺在一邊（例如：「我擔心……」）
3. 檢查第一點的資料來源：文章、書籍、電影、廣播？（「我媽媽說的、報章雜誌、鄰居的消息」）
4. 開始做一些調查：盡可能找出更多細節，特別是你覺得具體的內容。
5. 列出你對這些資訊所做的所有假設（例如：「這個說法百分之百正確」）
6. 釐清在什麼情況下，你的假設會被推翻或證明不正確（例如：「當你獲得新的資訊時……」）
7. 進一步查找資料：有沒有人提出什麼具體方案來避免你擔心的那

種未來？

8. 寫下你目前關於這個未來（還）不知道的事情。

9. 再次檢視你原本對未來的看法，並重新表達：「如果……，未來就不會發生」

10. 實際行動：你可以做些什麼來創造一個不一樣的未來？

我們把上述的方法運用在大家都感到恐懼的事情上。目前大家最擔心的莫過於氣候變遷，它完美符合一個「負面未來」的所有條件：帶來的負面影響無遠弗屆，無論是個人或國家幾乎都束手無策，而且地球沒有一個人能逃過這個負面未來，而且它的影響力甚至到二一〇〇年之後都存在。

對許多人來說，這個恐懼感是模糊的，但如果我們能將它具體化，就有助於我們理解。大多數的人也都認為氣候變遷會導致人類滅亡，百分之三十七的德國人、百分之四十五的法國人、百分之三十三的英國人、百分之二十一的丹麥人、百分之四十一的義大利人以及百分之三十八的美國人認為，人類因氣候變遷而滅絕是「相當可能」或「非常可能」的。

下一步我們來看情緒層面：世界末日的想法會引發災難性的情緒。全球有百分之五十九的年輕人表示自己對氣候變遷「非常」或「極度」擔憂，而百分之八十四至少達到中度的擔憂；百分之五十的人感到難過、害怕、憤怒、無力、無助和愧疚。第三步，我們來檢查資訊來源，有沒有真正的證據顯示未來會發生全球戰爭，或是人類會因此滅絕？確實有一些科學家主張應該對這些可能性做進一步研究，但沒有證據能證明人類會因氣候變遷而整體滅絕。

同樣的，也沒有證據表明一定會發生戰爭：科學界到目前為止仍無法準確預測戰爭什麼時候會爆發。人類滅絕和戰爭爆發只是眾多負面未來中的其中兩種。現在我們來檢視這兩種假設，我們的擔憂是基於某種假設，還是單純出於情緒？那麼在什麼情況下我們會改變自己對於氣候變遷會導致人類滅絕這個想法的看法呢？會發生什麼事呢？新的科學研究成果或許能給我們一個答案。

現在，我們來找出其他人提出的解決方案，看看有什麼方法可以避免人類因為氣候變遷而滅絕，越具體越好。接著寫下我們尚未清楚明白的事，例如：氣候變遷究竟會如何發展？是否真會出現所謂的臨界點？人類會不會找到新的方式來減少二氧化碳排放？最後，回頭來看原來的想法（「人類將因氣候變遷而滅絕」），並將它重新表述為：「人類不會因為氣候變遷而滅絕，如果……」這樣重新表述是否代表我們就放輕鬆什麼都不做呢？當然不是，但它讓我們意識到，我們其實有影響未來的能力，而這就是我們面對問題所需要的信念。隨著這些思考的深入，原本的恐懼感應該已經減少了。

你也可以把這個方法運用在其他的負面未來思考上。例如：大約有一半的人害怕變老。這裡的負面想法是什麼？可能是：「我老了就會孤單」，接下來的情緒可能是害怕或悲傷，然後我們進一步來看看這個想法從何而來。你是否認識一些年長而感到孤單的人？你是否也認識一些不孤單的老人？再來可以去查找相關的資料與研究，了解老年與孤獨這個主題有什麼說法。藉由這個過程你會發現，很多人隨著年紀增長變得更快樂而非感到孤單。那麼，關於孤獨的想法背後有哪些假設呢？有可能是，你相信只有美貌和身材才會帶來快樂，接著要問自己，我在什麼情況下會改變看法？

現在，我們來看看可以取代原本負面未來的版本：舉例來說，我們可以探索能帶來健康和快樂變老的運動，並且深入研究。然後，我們會看見自己對於老年還有許多不清楚的地方，像是未來科學和技術的進步可能會徹底改變老年的生活。最後，我們像之前一樣重新描述這個想法：「我老的時候不會孤單，因為……」，從這個想法中找到了該怎麼因應，像是多做運動，多交朋友，甚至是認識比自己更年輕的人。

另一個讓許多人掛心的未來（或許大家在某個時期已經忘記這個問題）是核浩劫。與核戰爭不同，大家擔憂的其實是核戰會消滅所有人類，這種想法當然會挑起所有人的恐懼和恐慌。不過，它到底是怎麼來的？經由資料的耙梳，我們會發現自己對核武器所知甚少，而且人類因為核武器而消失的想法是有爭議的，但這並不表示核武器不會殺死大量人類，而是不可能殺死所有人類。從廣島和長崎原爆中能得到一些證據，雖然死亡人數驚人（估計介於十三萬至二十二萬五千人之間），但約有六十五萬人（死亡人數的三到六倍）倖存。你或許也會發現，四十年前，全球的核彈頭數量是六萬四千枚，現在僅存九千五百枚。此外自一九四五年以來，就再也沒有國家動用過核子武器了。

在什麼情況下我們會停止相信人類會因為核戰爭而統統消失？為了回答這個問題，我們需要查找文獻，為什麼這件事不僅發生機率極低，而且基本上動用核武絕非簡單的事。最後，我們可以再重新描述這個想法：「核武戰爭不會發生，除非……」。然後，從斯多噶哲學角度來看：個人對這類未來所能做的事情有限，唯一能做的就是讓自己明白這種情況不太可能發生。

應對負面未來思考的最後手段就是接受，或是如同奧許維茲集中營倖存者維克多．弗蘭克（Viktor Frankl）所說的悲劇性樂觀。這意味著，即使身處危機也要保持希望並尋找意義。「人類的存在不僅僅是活著，而是無時無刻都在選擇自己將成為什麼，將會變成什麼樣。相反的，每個人都擁有隨時改變自己的自由。」如果無法改變無望的未來，我們就必須接受它。在這樣的時刻，當下就是我們最好的避風港：未來（還）沒有到來，而現在就在眼前，它就是我們該專注的焦點。

4. 缺乏想像力的未來

即使沒有危機、憂鬱或恐懼，未來也可能會「失靈」，也就是當一個人不知道怎麼看待未來時，未來就會無法運作。這種情況在年輕人身上很常見，在成為青少年之前，我們對時間沒有什麼概念，更不用說把未來看成一個可以形塑的空間。所以當我們被問到：「你長大後想做什麼？」我們鮮少能給出一個有層次又精確的答案。來到年輕成人階段時，我們開始感受到必須為未來做選擇與規畫的壓力：必須選擇職業、伴侶或人生道路，而且還必須達到穩定長久的目標。

對多數人而言，要做出選擇一點都不容易。首先，選擇實在太多了：從前我們的祖先只有一種未來，出生在某個村莊、屬於某個社會階層、擁有某種性別傾向、幾乎與同一個伴侶共度一生、一輩子只從事一種職業。相較於現在，我們幾乎可以自由選擇居住地方、職業、想愛誰和怎麼愛，而且選擇可以一改再改。拜都市化、階級流動、移民與工業化的進展所賜，斯洛維尼亞鞋匠的曾孫女在今天可以成為擁有博士學位、居住在羅馬的高知識女性（這只是個例子）。但是沒有人能教我們該怎麼做，我們必須對自己的選擇負起責任。

正因為這種選擇的自由讓人不安，大多數人最終還是會選擇傳統的未來，也就是社會所期待的那種人生。在社會學中，這種現象被稱為「文化人生腳本」（kulturelles Lebensskript），指的是社會對人生重大事件應該以何種順序、在何種時間點發生的期望。我們在青少年時期或多或少就內化了這種期待，也許這也解釋為什麼我們在當時對未來沒有清晰的概念。在所有西方國家裡，眾所期待的人生路徑看起來都差不多：求學、求職、買房、結婚、生小孩，這些都是最常見的人生目標。即使是個人的小小夢想也都有高度的一致性：跳傘、去羅馬、倫敦和巴黎旅遊，我們人人都缺乏原創性。

其實人生腳本非常實際，因為它讓我們感覺到，即使自己不知道怎麼規畫未來，卻仍然走在正確的道路上。不過人生腳本也不是無可挑剔，首先它不適用於所有人。換句話說，在不同國家、從城市到鄉村、在不同的社會階層，甚至不同的性別之間，每個人都有各自的人生腳本，偏偏我們總是以為自己習慣的腳本也能套用在別人身上。

不僅如此，一個人和所屬社會的人生腳本契合度也會因國家而異。例如在丹麥，有百分之七十的人表示他們個人的未來大致和社會預設的一致；同樣情況在美國只有百分之四十六。德國或奧地利雖然沒有這方面的研究數據，但其他統計也顯示，在這些國家裡也有不少偏離社會預設標準的情況。結婚或許是人生腳本中的一環，但只有百分之四十三的德國人和百分之三十九的奧地利人是已婚。生小孩也是，有五分之一的人沒有生育。買房也是常見的未來藍圖，但只有百分之五十一的德國人和百分之五十五的奧地利人擁有自己的房子。換句話說，社會對於個人未來應該是什麼樣子的規定並不是自然規律，而是社會建構出來的，而且這些標準始終處於變動之中。

如果我們不假思索就接受社會為我們預設的未來，就等於把未來設定成「自動駕駛」模式，這樣就會出現兩個問題。既然身處二十一世紀的我們擁有自由選擇的奢侈權利，那麼就應該好好使用：這正是人之所以為人的核心。此外，社會的腳本也不該成為戒律，儘管現在個人主義盛行，但只要有人偏離常規，例如離婚、沒小孩、沒房子，社會仍會把這些人視為失敗者。其實我們可以把這些行為看作個人對未來的自由選擇。

這些人生腳本幾乎從來都不是完整的，它們不會提供整體人生的藍圖。腳本的對象大多集中在二十到四十歲之間，不在這個範圍內的人（更年輕或更年長），社會幾乎沒有給出任何未來目標或期待，彷彿在社會的想像中，除了教育、工作、購屋、結婚、小孩以外就沒有別的未來了。尤其是那些已經成功走完腳本的人，之後往往會感到迷惘和空虛。因為他們現在只能靠自己定義剩下的未來，而這對許多人來說非常困難。

還有，人常常會產生失敗主義心理，彷彿在說現在做什麼都太晚了，學一個新的語言或是開始做一項新的運動，甚至認為自己的認知能力只會一路下滑，但事實並非如此。哈佛大學一項研究指出，改變或持續成長永遠不嫌晚；其他研究也顯示，我們的未來能力不會隨著年齡減少，反而是增加。所以問題其實不是客觀上沒未來，而是我們主觀上不知道怎麼面對未來。因此我們常常在認知上自我設限。我們會陷入維持現狀偏誤，意思是人類傾向讓事情維持原狀。然後我們對自己洗腦，再找一堆藉口來說服自己不要去做很想做的事。對於這些現象，早已有大量的研究可以佐證。

最後也是最大的問題是：如果我們把未來設定成自動駕駛模式，不經思考地照著社會規範走，我們未必會感到幸福。不只是因為那些人生目標可能根本不是你真正想要的，而是因為把未來只定義為要達成某些目標本身就是一個問題。雖然完成目標的確會帶來滿足感，但能夠真正讓人快樂的，不是那些外表的、來自社會期待的外在動機目標，而是來自內心渴望的內在動機目標。哈佛大學的研究也提過這一點：真正帶來美好人生的不是職業成就或財富，而是人一生中擁有的人際關係品質。然而，我們的社會幾乎從未描繪過這樣的未來藍圖。整個社會總是引導我們走向一種物質導向的未來，而不是一種存在感強、內心豐富的未來。但其實未來能力的真正意義，應該是讓我們可以為自己選擇最合適、最有意義的路，你必須也這麼做。

那麼，這對於我們選擇自己的未來有什麼意義呢？它代表著不要讓未來淪為自動駕駛模式，而是一次又一次地、有意識地選擇一種充滿情感的未來。與其去設定那些讓我們擁有什麼的目標，我們應該選擇那些讓我們感覺到**連結**、**滿足**、**成長**、**智慧和被重視**的未來。例如不要把「結婚」當成目標，而是把「被愛、感受到愛」作為願景；不一定要「擁有房子」，而是要追求「內心的充實與安定」。

即使聽起來有點像新時代思想，我們還是應該學著覺察且有意識地面對自己的未來。但我們都知道，在二十一世紀這樣忙碌的時代，要做到這點著實不容易。所以，我們可以透過寫日記、停下來深呼吸、冥想、感受無聊讓心靈流動，並找到屬於自己的未來靈感。靈感無所不在，在別人那些非主流的人生目標裡，在年長者豐富的生命經驗裡，在大自然裡，或是旅行的途中。因為，不管你完成了多少目標，你永遠不會真正抵達終點。人生不是一條直線，而是彎彎曲曲或是一圈又一圈的螺旋，在這條路上，我們不斷地發現新的未來。

結語

未來的保證

壞掉的未來無法退貨，美好的未來也買不到。未來不是一個產品，無法達到傳統意義上的品質保證。不過，我們絕對享有不斷重新發明未來的權利，無論是個人或是整體人類都是。即使悲觀的想法從未停止，但有一件事情是確定的：從個體的觀點來看，人終有一死；對整體人類來說，太陽將在五十億年之後消失。除此之外，剩下的都是未知數，等待我們去撰寫未來的腳本。

發明其實就是通往未來的第一步。不管是烏托邦還是科幻小說，一切總是在虛擬、想像的空間中誕生，這也是最終的未來。從歷史的角度來看並不是巧合，總是先有了更美好未來的想法，然後才有想法的實現。無論是財富與繁榮、人人平等的權利、發現美洲大陸、天氣預報的誕生、智慧型手機的問世，還是人類登陸月球，一切都是從被嘲笑不切實際的念頭開始。最後成功的卻不在少數：十九世紀法國作家儒勒．凡爾納筆下的潛水艇和電視在今天都成真了，以致於有些人不再把他當作科幻作家了。

儘管如此，烏托邦或其他未來的解決方案經常被嘲笑為不切實際，不夠正經，彷彿它們不了解當前情勢的嚴峻。尤其是在當下處境特別困難時，大家經常覺得，想像一個更好的未來不合時宜。然而烏托邦正是在這樣的困境中誕生的，因為它在尋找一個能替代現狀的積極解方，並思考如何回答「如果……會怎樣？」的問題。未來不是一成不變的事實，而是我們一次次創造出來充滿可能性的空間，歸根究柢人之所以為人，就在於我們不只能活在當下，還能超越當下。

自己不思考未來，甚至否定相關的思考行為是不負責任的：首先是對自己不負責，因為那些長期思考未來的人通常更健康、更長壽，並且普遍能實現他們的目標。更重要的是，這對未來的世代來說也是不負責任的行為，因為如果人類在未來幾年內不會如預測般滅絕（這些預測完全沒有依據），那麼在未來的百萬年裡，每個人都會有大約一萬個人類後代（當然不是同時出生）。這種世代公平的理念我們已經實踐了幾個世紀，沒有祖先的夢想和想法，我們今天就無法擁有現在的生活條件，無論是在經濟、健康還是法律方面。失敗主義、悲觀主義或認為一切將變得更糟的想法，對於解決問題沒有幫助。（世界上大多數人確實相信一切會變得更好。）儘管氣候變遷和技術變革可能引發人類對未來的恐懼，但是前人也曾經對兒童死亡率、愛滋病、飢荒、狂牛症或臭氧層破洞感到絕望。能解決問題的不是恐懼或反烏托邦的想法，而是透過積極的行動和正面的願景。

面對當前的挑戰時，我們需要的是如烏托邦一般的理想或創新思維。這些想法隨處可見，只要我們願意去尋找。陸陸續續都曾出現不同的建議，像是縮短工作天數以提高生產效率，並同時減少二氧化碳的排放（這個想法早在尼克森總統時代就曾出現過）。法律方面也有相關建議，以確保氣候變遷所帶來的負面影響能夠更公平地分配，並且強迫政府考慮長期影響。無論在何處，全球都如火如荼地研究各種未來科技，無論是可以澈底改變電力網絡的超導體，或是核聚變反應堆。針對癌症和阿茲海默症等疾病的研究也在加速，新的設備幫助殘障人士更容易地參與日常生活。科技進步還包括發展農業節水技術、發明從海洋中回收塑膠的設備、提升材料回收效率的技術。隨著人工智慧的發展，它有望幫助我們完成一些自己不想做的工作。我們正在開發越來越多的方法，以便及早辨識出經濟和環境中的災難和危機。甚至有些目光遠大的人夢想長生不老或在火星上生活。現代的哲學越來越強調人類不僅是過去五千年來的現象，還是長期歷史，也是長遠未來的一部分。趨向於未來並未被打破，只是我們大多數人都沒有正視。

關於未來的能力，最重要的是我們要有意識的運用它。這不表示要一直思考未來，就像《星艦迷航記》中沒有一整集都是以全像甲板為背景一樣，因為未來不是現在的替代品，而是對我們的幫助。但我們不能盲目的讓這份幫助自動運行，也不能從他人那裡購得，而是必須定期有意識地啟用它，並且帶著所獲得的知識回到當下。對於個人來說，像是新年、生日或紀念日這樣的象徵性時刻最適合思考未來——儘管許多人會對新年願望嗤之以鼻，但如果在這些時刻下定決心，實際上會有兩倍的機會堅持下來。即便是企業、政黨，甚至學校和社會團體，也應該每年花時間思考未來。

我們每個人都有思考未來的能力，這就是未來的保證。想成為其中的佼佼者，必須先磨練自己的思維，堅持不懈，樂於思考，容忍錯誤，對人生有一定的理解，累積不同的經驗，大量閱讀，保持活力，把自己視為有創造力的人，勇於冒險。最後也最重要的：我們要把改變視為人生的常態。

國家圖書館出版品預行編目資料

未來使用說明書/佛羅倫絲.高布(Florence Gaub)著；楊婷湞譯. -- 初版. -- 臺北市
: 商周出版 : 英屬蓋曼群島商家庭傳媒股份有限公司城邦分公司發行, 2025.06
面； 公分. -- (生活視野 ; 52)
譯自 : Zukunft : Eine Bedienungsanleitung

ISBN 978-626-390-539-9 (平裝)
1.CST: 未來學

541.49 114005655

線上版讀者回函卡

未來使用說明書

Zukunft: Eine Bedienungsanleitung

作　　者／佛羅倫絲・高布Florence Gaub
譯　　者／楊婷湞
責任編輯／余筱嵐

版　　權／游晨瑋、吳亭儀
行銷業務／林秀津、吳淑華
總 編 輯／程鳳儀
總 經 理／彭之琬
事業群總經理／黃淑貞
發 行 人／何飛鵬
法律顧問／元禾法律事務所　王子文律師
出　　版／商周出版
115台北市南港區昆陽街16號4樓
電話：(02) 25007008　傳真：(02)25007759
E-mail：bwp.service@cite.com.tw
發　　行／英屬蓋曼群島商家庭傳媒股份有限公司 城邦分公司
115台北市南港區昆陽街16號8樓
書虫客服服務專線：02-25007718；25007719
服務時間：週一至週五上午09:30-12:00；下午13:30-17:00
24小時傳真專線：02-25001990；25001991
劃撥帳號：19863813；戶名：書虫股份有限公司
讀者服務信箱：service@readingclub.com.tw
城邦讀書花園：www.cite.com.tw
香港發行所／城邦（香港）出版集團有限公司
香港九龍土瓜灣土瓜灣道86號順聯工業大廈6樓A室；E-mail：hkcite@biznetvigator.com
電話：(852) 25086231　傳真：(852) 25789337
馬新發行所／城邦（馬新）出版集團 Cite (M) Sdn. Bhd.
41, Jalan Radin Anum, Bandar Baru Sri Petaling, 57000 Kuala Lumpur, Malaysia.
Tel: (603) 90563833 Fax: (603) 90576622 Email: service@cite.my

封面設計／陳文德
排　　版／芯澤有限公司
印　　刷／韋懋印刷事業有限公司
總 經 銷／聯合發行股份有限公司
電話：(02)2917-8022　傳真：(02)2911-0053
地址：新北市231新店區寶橋路235巷6弄6號2樓

■2025年6月17日初版
Printed in Taiwan
定價400元

版權所有，翻印必究 ISBN 978-626-390-539-9　電子書ISBN 978-626-390-537-5（epub）